한눈에 읽는 외식창업 성공 이야기 [시리즈 14]

가성비 최고 불황에 강한 도시락 전문점

김병욱 지음

 킴스정보전략연구소

김 병 욱 소장

    킴스정보전략연구소 소장인 김병욱 박사는 소상공인 창업 지원 연구, 개발, 평가, 심사, 위원으로 활동하고 있으며, 삼성그룹사가 작사와 1등을 뛰어넘는 2등 전략과 창업 틈새 전략 외 150여 권의 저서를 발표한 바 있다.

    그 밖에 방송·산업체 강의, 평가 등의 활동과 동시 월스트리트저널에 의해 21세기 아시아 차세대 리더에 선임된 바 있는 정보전략가임과 동시 경영컨설턴트이다.

Contents

Contents

Contents

Contents

Contents

I

도시락 브랜드의 진화와 발전

1. 한국 도시락의 역사와 발전

1) 한국 도시락의 역사

도시락은 집 밖에서 간단하게 식사를 할 수 있도록 반찬과 밥을 담을 수 있는 그릇과 내용물을 일컫는 명칭이다. 한국 도시락에 관한 문헌은 남아 있지 않아 정확히 알기는 어렵지만 도시락이 그릇과 내용물을 혼용하고 있다는 점에서 본 도시락 그릇 형태의 시초에 대한 선행연구에 의하면 조선 전기에는 궁중 연회 시 궁중음식이 임금에게서 양반들로, 남은 음식은 다시 아랫사람들에게 꾸러미로 내려진 형태로 볼 수 있다. 그리고 조선 후기 형태는 공고상(公故床:운반하기 쉽게 머리에 이고 양측면의 손잡이구멍을 붙잡고 걸어갈 수 있도록 만든 상), 번상(番床)이라고 하여 고관이 궁중이나 관청에서 숙직할 때 상노들이 음식을 집에서 날라다 줬는데 이때 집안에서 만든 음식을 상에 담아서 머리에 이고 나갈 수 있도록 고안 한 것이 도시락의 최초 형태라고 한다.

또 다른 의미의 도시락은 집 밖에서의 식사를 말하는데 우리나라 전통사회에서는 농경사회로 생활권이 제한되어 있어 밖에서 식사를 하는 경우가 거의 없었다. 밖에서 먹는 식사라고 하면 농사를 지으면서 먹는 새참 정도이다. 이것도 도시락처럼 꾸러미를 싸들고 다니는 것이 아니라 집 안의 그릇을 그대로 옮겨 밖에서 먹는 것이니 휴대용의 의미로 보기는 힘들다.

전통사회의 외식도 대부분의 생활은 가정식이 가능한 범위에서 이루어지기 때문에 외식문화도 발달하지 않았고 도시락 문화도 크게 발달하지는 않았다. 휴대용으로 갖고 다니는 도시락은 장거리 이동시나 야외음식으로 존재하였다. 장거리 이동시의 음식은 밥과 반찬이 구성된 도시락이 아니라 단일 음식인 떡, 마른밥, 찐쌀, 육포 등이었다. 야외 음식 또한 양반의 전유물인 꽃놀이 등의 야외 놀이에 용이하게 갖고 갈 수 있는 도시락 (유반:游飯)에 삭힌 생선, 육포 및 생선포, 육회 및 생선회, 구이 등의 갖가지 맛있는 음식을 밥 아래 눌러 담고 놀러 갈 때 들고 갔다.

그리고 그 뒤 사회가 변화고 그에 따른 많은 생활의 변화가 생기면서 밖에서 식사해야 할 기회가 많아졌다. 그래서 도시락도 사기나 나무로 둥글거나 네모나게 여러 층으로 만든 찬합에 반찬·밥·술안주 등을 담아서 나르거나 휴대하게 되었다. 이처럼 도시락을 이용하는 사람의 수는 극히 제한적이고 드물었지만 일제강점기에 들어서면서 근대화 교육과 개항으로 학생과 노동자 신분이 생기고 이들이 도시락을 지참하여 다니기 시작하면서 일반화가 되었다.

동아일보 기사(1923년)에 열차 도시락의 용기를 개량하였다는 기사가 있는 점을 보면 최초의 판매 도시락은 열차도시락인 것으로 추정된다. 이 당시 가정 음식이 아니라 이동을 하면서 간편하게 먹을 수 있는 지금의 간편식인 판매 도시락의 원형이라고 볼 수 있다. 또한 도시락 용기도 날마다 갖고 다니기에 불편한 점에서 접이식 휴대용기가 발명되어 특허를 받아 판매가 되었다는 기록에서 도시락은 계속 진화를 하고 있었다고 볼 수 있다.

〈표1〉 1920~1940 도시락 관련 보도 내용

년/월일	표제	내용
1923.07.20	열차 벤또 용기 개량	휴대하기 편한 종이도시락 사용
1929.12.20	역구내 도시락 감가(減價)키로	도시락 35전 차 1병 8전
1931.11.22.	벤또의 반찬	아지노모토 광고 사진
1937.11.12.	접이식[折式]벤또 발명	도시락을 간편하게 휴대하기 좋게 절첩식 벤또가 발명되어 특허받아 상점에 등장
1939.09.17	역 벤또의 가격은 종래 대로 25전	35전에서 25전으로 인하여 도시락의 질이 하락하였기 때문에 인상 하려 하였으나 인상을 하면 판매되지 않을 것을 우려하여 그대로 유지키로 함

자료 : 동아일보(2017).

또한 1969년 보온도시락이 판매되기 시작하였는데 항상 집 근처에서 생활하던 농경생활양식이 집 바깥 학교나 일터에서 시간을 보내는 생활양식으로 바뀌면서 따뜻한 도시락의 필요성이 대두되었기 때문이다.

도시락 전문점이 프랜차이즈 형태를 띠기 시작한 것은 1991년 선보인 '미가 도시락'이 시초이다. 그 뒤 대부분 단체 주문 도시락을 중심으로 운영 되었는데 1993년 한솥도시락이 일반 소비자를 대상으로 포장판매를 진행하여 도시락시장을 선점해 갔다.

2) 한국 도시락산업의 발전

한국의 도시락 사업은 70년 중반부터 시작되어 80년대에 들어와 본격적인 시장 확보에 주력하였으나 대상이 일반 소비자가 아니라 소수의 기업이나 단체 등이었다. 그래서 90년대에 들어서 도시락 업체는 문제점 해결 방안으로 출장, 파티를 겸하여 운영하기 시작하였다. 레저가 대중화 되면서 각종 단체나 기업의 체육대회, 교육과 세미나 등의 행사 및 결혼식, 회갑연 등 대중이 모이는 자리가 많아지면서 간단하면서도 편리하게 해결해주기 위한 대안으로 야외용 도시락이 인기를 끌고 있었기 때문이다.

이렇게 도시락 전문 브랜드가 등장하고 시장이 확장되고 있던 가운데 환경부는 합성수지 도시락용기 사용금지 조치를 내려 도시락 전문점 시장에 제동을 걸었으나 환경부의 1회용 도시락 사용금지 규정은 대체용기 확보가 현실적으로 불가능하다는 이유로 2008년6월 무효가 되면서 제2의 전성기를 맞게 되었다.

편의점 도시락 시장은 외식업체와의 콜라보레이션으로 인기를 끌고 있는데 GS25는 15가지의 도시락을 출시, 매년 37.6~152.3%의 고성장의 도시락 매출을 올리고 있다. 연도별로는 2011년의 매출이 전년 대비 152.3%로 늘어 가장 성장률이 높았으며, 최근 3년 동안은 2012년 48.7%, 2013년 67.6%, 2014년 43.8%(각각 전년 대비)로 신장세를 보였다. 이 15가지 종류 중 8가지가 외부와의 콜라보레이션이다.

2015년 상반기 편의점 3사 도시락 매출은 각각 87.9%(세븐일레븐), 41%(CU), 38.9%(GS25)증가했을 정도로 편의점 도시락의 인기가 높아지면서, 환경도 변하고 있다. 세븐일레븐은 직장인들이 식사를 하면서 회의를 할 수 있도록 화이트보드와 빔프로젝트를 비치한 '도시락 카페'를 개장하였다.

CJ푸드빌의 한식브랜드 비비고는 다이어트를 원하는 소비자들을 위한 '칼로리 박스 2종'을 출시하는 등 기존의 저가형 도시락에서부터 상품화가 어렵다고 생각했던 찌개와 쌈 도시락 등의 프리미엄 형태까지 도시락 업체, 업종의 영역은 점점 넓어지고 있다.

2. 국내 도시락 산업현황

1) 국내 도시락 산업의 발전

우리나라 도시락의 시초는 조선 전기에는 궁중 연회 시 봉송이라고 하여 궁중의 음식이 양반에게 내려지고, 남은 것은 아랫사람들에게 내려진 것을 볼 수 있다.그 후 조선후기에는 공광 또는 번상이라고 하여 고관이 궁이나 관청에서 숙직할 때 상노들이 상에 음식을 담아서 머리에 이고 나른 상으로 집안에서 만들어진 음식을 밖으로 나갈 수 있도록 고안된 최초의 도시락의 형태라고 할 수 있다.

한국의 도시락 산업은 1986년 대통령령 제 12000호의 시행에 의해 대중음식점이라는 별도의 도시락 제조업으로서 등장했으며, 86년 아시안게임과 88년 올림픽을 계기로 급속도로 성장하였다. 이후에 1991년 미가 도시락이 등장하면서 도시락 프랜차이즈업체가 본격적으로 시작되었다. 1993년 한솥에서 국내 최초의 테이크아웃 도시락 전문점사업을 시작하였으며 현재는 토마토도시락, 오봉도시락, 본도시락 등 20여개 도시락 중견 프랜차이즈가 성업 중이다.

최근에는 변화하는 사회현상과 더불어 도시락을 찾는 소비자들이 많아지면서, 프랜차이즈 도시락 전문점뿐만 아니라 외식업체, 편의점에서도 도시락 사업에 진출하고 있으며(박대성, 2014), 국내 중견기업과 외국 도시락 기업이 도시락 사업에 참여하고 있다. 그동안 도시락 시장은 전국 2만여 편의점과 한솥도시락, 본도시락 등 20여개 프랜차이즈 중심으로 성장했다.

도시락 시장이 확대되면서 매출 규모도 매년 두 자릿수 이상 성장하고 있다. 전문가들은 2018년 국내 도시락 시장 규모가 약 2조5000억 원~3조 원(매출액 기준)정도인 것으로 추정한다. 유통업계는 도시락 시장의 규모가 3조 원을 넘어선 것으로 전망하기도 한다.

2) 프랜차이즈 도시락전문점 메뉴현황

2-3년을 주기로 새로운 트렌드가 등장하고 있으며, 그 주기도 점점 짧아지는 상황이다. 하지만 이러한 변화와는 달리 최근 몇 년 새 지속되고 있는 흐름은 바로 건강을 중시하는 '웰빙'이다. 간편식을

즐기면서도 건강한 삶에 대한 니즈가 높은 20-40대 직장인을 핵심 타깃으로, 전 메뉴에 흑미밥을 제공하고, 영양가 높은 한식 반찬으로 구성 된 '프리미엄 한식도시락' 이 컨셉이다. 또한, 본도시락은 1만 원대의 명품도시락부터 다양한 반찬과 제철 재료를 바탕으로 한 6000-7000원대의 특선 도시락, 한 끼를 해결할 수 있는 4000-5000원대의 실속 도시락으로 구성되어 있다. 1만원대의 명품 도시락에는 삼채 샐러드, LA갈비, 매실장아찌, 연어 등의 반찬과 $180ml$ 의 미니 생수, 후식까지 함께 제공하는 도시락을 추구하였다. '집밥' 을 콘셉트로 집에서 식사를 할 때보다 다양한 반찬을 구성하였고, 여름 시즌에는 장어나 오리 등을 담은 '보양' 제품도 출시하였다. '허울만 집밥', '가짜 웰빙' 이라는 냉소도 있지만, 값비싼 트렌드를 대중이 소비 가능한 형태로 선보이고 있다.

3. 편의점도시락 현황

최근 1인 가구 증가로 소량 구매 패턴이 확산되고, 근거리 구매 선호 경향의 확대에 따라 편의점 이용 소비자들이 증가하고 있다. 통계청(2016) 자료에 의하면 1인 가구 비중은 전체 가구에 비해 20

10년 23.9%에서 2015년 27.1%, 2025년 31.3%로 증가할 것으로 예상되고 2035년에는 34.3%에 달할 것으로 전망된다.

매경 이코노미스트(2016) 보도자료를 통해 볼 때 편의점 매출은 2014년 12조7,440억원에서 2015년 16조5,210억원으로 29.6% 증가하였으며, 특히 편의점 도시락 매출은 편의점 판매 제품 중 유일하게 전년 대비 50%이상 증가하였다. 이와 같이 소비자들의 편의점 식품 구매는 늘어나는 반면, 식품 안정성에 대한 신뢰도는 그리 높지 않은 것이 사실이다. 소비자 1,000명 대상으로 한 조사결과 최근 1개월 이내에 편의점 식품을 이용한 사람이 74%였으나, 안전 및 품질을 신뢰한다는 응답자는 16.8%에 불과하다. 실제로 일부 편의점 도시락에서 대장균이 검출되어 안정성의 우려가 확인된 바 있다.

1) 판매액 및 판매율 현황

2009년 14,000개였던 국내 편의점 점포수는 5년간 2배 가까이 증가해 2014년 26,000개를 돌파했으며, 2016년 기준으로 3만개를 돌파했다. 이처럼 편의점 점포수증가는 1인가구와 직장인 여성증가, 고령화 등이 진행되며 근거리 소용량 쇼핑에 대한 수요가 증가하고 있다는 점을 보여주고 있다. 통계청(2016) 자료에 의하면 2015년 국내 편의점 매출 실적은 16조5천억원으로 14년 대비 29.6% 증가한 것으로 나타났다.

<표2>편의점 판매액 및 증가율 현황 (단위 : 십억 원)

구분	2012년	2013년	2014년	2015년
판매액	10,844	11,728	12,744	16,521
전년대비 증가율	18.3%	8.2%	8.7%	29.6%

자료 : 통계청, (2016).

국내 편의점 도시락 시장은 14년 2천억원에서 15년 3천억원, 16년은 5천억 원 규모로 크게 성장한 것으로 나타났다(세계일보, 2016).

<표3> 편의점 도시락 판매현황

판매업체	상품번호	제품명	판매업체	상품번호	제품명
GS	1	별미)닭가슴살 도시락1편	미니스톱	13	함박&스파게티도시락
	2	식객)추억의 도시락1편		14	the푸짐한 트윈도시락

	3	마이홍)치킨 도시락1편		15	the푸짐한 모둠튀김도시락
	4	김혜자)부대찌개 도시락		16	the푸짐한 도시락
	5	김혜자)부대찌개 도시락		17	언양식 바싹 불고기도시락
	6	김혜자)명불허전 모둠치킨1편(단종)		18	명품10찬정식 도시락
CU	7	백종원한판 도시락	세븐일레븐	19	혜리)11찬 도시락
	8	국민9찬밥상(단종)		20	는는한상)닭가슴살&구운두부 김밥도시락
	9	매콤한입돈가스 소시지		21	홍삼불고기 도시락
	10	고소고소해 치킨마요		22	혜리)목살김치찌개도시락
	11	백종원매콤 돈가스		23	혜리)수제등심돈까스 도시락
	12	순대국밥정식		24	미니게살 볶음밥

자료 : 세계일보, (2016.12.15).

2) 도시락식품의 기준 및 규격현황

도시락의 식품유형은 즉석섭취식품, 즉석조리식품으로 분류된다. 이는 소비자가 별도의 조리과정 없이 그대로 또는 단순 조리과정을 거쳐 섭취할 수 있도록 제조·가공·포장한 식품으로, 대장균, 황색 포도상구균, 살모넬라 등의 기준·규격을 준수해야 한다.

〈표4〉 즉석섭취·조리식품 정의 및 규격

식품유형	정의	규격
즉석 섭취식품	동·식물성 원료를 식품이나 식품첨가물을 가하여 제조·가공한 것으로서 더 이상의 가열, 조리과정 없이 그대로 섭취할 수 있는 김밥, 햄버거, 선식 등의 식품을 뜻함	·대장균 : 1g 당 10이하 ·세균수 : 1g 당 10,000이하 ·황색포도상구균 : 1g 당 100이하 ·살모넬라 n=5, c=0, m=0/25g ·장염비브리오균 : 1g 당 100이하 ·바실러스세레우스 : 1g 당 1,000이하 ·클로스트리디움 퍼프린젠스 : 1g 당 100이하
즉석 조리식품	·식물성 원료를 식품이나 식품첨가물을 가하여 제조·가공한 것으로서 단순 가열 등의 조리과정을 거치거나 이와 동등한 방법을 거쳐 섭취할 수 있는 국, 탕, 수프, 순대 등의 상품을 뜻함	

주) 미생물 규격 용어, (n, c, m).
- n : 검사하기 위한 시료의 수 c : 최대 허용 시료수, m : 미생물 최소 허용 기준치

식품의약품안전처(2016)의 용기·포장의 기준 및 규격에 있어서도 식품 또는 식품첨가물에 직접 접촉하는 용기·포장의 경우 식품으로 이행 될 수 있는 위해우려물질은 기구 및 용기·포장의 기준 및 규

격에 따른다.

따라서 도시락 뚜껑 재질은 폴리스티렌(PS), 폴리에틸렌테레프탈레이트(PET)가 사용되고, 음식을 담는 내부 용기는 폴리프로필렌(PP)이 이용되고 있다. PS는 잔류규격(스티렌, 톨루엔 등 휘발성 물질)이 5,000mg/kg이하이며 용출규격(납, 총용출량 등)이 기준치 이내여야 하고, PET는 용출규격(납, 총용출량, 안티몬 등)이 기준치 이내여야 한다.

3) 관련 표시기준 현황

(1) 일반 표시사항

식품 등의 표시기준 제3조(표시대상)에서는 표시대상 식품을 정하고 있고, 도시락은 식품위생법 시행령 제21조제1호의 규정에 의해 표시 대상 식품이다.

이에 도시락은 제품명, 식품의 유형, 업소명 및 소재지, 제조연월일(제조일과 제조시간), 유통기한, 내용량, 식품관련신고를 세부 표시기준에 적합하게 표시하여야 한다(식품 등의 표시기준 제4조 표시사항).

또한 알레르기 유발 성분을 사용하는 제품과 사용하지 않은 제품을 같은 제조 과정을 통하여 생산하게 될 경우 불가피하게 혼입 가능성이 있다는 내용을 표시하여야 한다(식품 등의 표시기준 제6조 소비자 안전을 위한 주의사항 표시).

(2) 영양성분 표시

영양성분은 에너지 급원으로서 일반적인 기능뿐만 아니라 만성질환 예방과 관련이 있다. 특히 지방·트랜스지방·콜레스테롤 및 나트륨을 과잉섭취 시 심혈관계 질환 및 고혈압 발생 위험이 높아질 우려가 있다. 때문에 정부는 소비자가 건강을 위해 합리적인 선택을 할 수 있도록 일부 식품의 경우 영양성분 표시를 의무화 하고 있으며, 표시하여야 하는 영양성분은 열량, 탄수화물(당류), 단백질, 지방(포화지방), 트랜스지방, 콜레스테롤, 나트륨 등이 있다. 그러나 편의점 도시락은 영양성분 표시대상에 해당되지 않는다.

II

도시락전문점 프랜차이즈 동향과 창업포인트

1. 도시락시장, 더 커지고 치열해 진다

1) 3~4년 뒤 지금의 2배 이상 성장 전망

국내 도시락 시장의 성장세가 두드러지고 있다. 도시락전문점과 편의점에서 출시한 도시락 제품 판매량이 급증하면서 외식업체들도 도시락 시장에 뛰어들고 있다. 여기에 일본 도시락 업계1위 브랜드인 호토모토가 2016년부터 본격적인 가맹사업을 펼쳐 도시락 시장의 경쟁이 더욱 치열해지고 있다.

현재 편의점의 도시락 매출은 매년 40~50% 상승 할 정도로 도시락 매출 규모는 매년 큰 성장세를 보이고 있다. 업계는 2017년 현재 국내 도시락 시장 규모가 약 2조 5천억원에 이를 것으로 발표했다. 도시락 수혜를 톡톡히 보고 있는 유통업계는 2018년 도시락 시장 규모가 3조원을 넘어설 것으로 전망했다.

업계에 따르면 지난 2015년 말 기준 2조원 규모의 국내 도시락 시장에서 편의점 도시락 규모는 약 7천억원으로 전체의 3분의 1을 차지한다고 했다. 경기불황과 1인가구 증가 등의 영향으로 편의점 도시락 매출은 업체별로 매년 40~50% 가량 상승하고 있다. BGF리테일이 운영하는 CU는 지난 2015년 도시락 매출이 전년 대비 51.8% 늘어났다 GS25와 세븐일레븐도 각각 61.3%, 25%증가했다. 본도시락은 프리미엄 한식 도시락 브랜드라는 콘셉트로 다양한 건강 도시락 메뉴를 선보여 좋은 반응을 얻고 있다. 소량으로 즐기기 어려운 쌈 메뉴를 도시락에 접목한 '우렁강된장쌈밥 도시락'과 '명이나물삼겹 도시락' 등 높은 품질의 제품이 호응을 얻으면서 2016년 200호점을 돌파 하였다. 이들 도시락전문점은 친환경 용기, 흑미와 현미, 제철 식재료 사용의 건강식, 정갈한 세트메뉴 구성과 다양한 가격대 등 소비자 요구에 적절하게 대응하며 시장 규모를 계속 키워 나가고 있다. 일본 도시락 업계1위 호토모토도 국내에서 본격적인 가맹사업을 시작했다. 일본 내에 2700여 개의 매장을 운영하며 연간 3억개 도시락 판매, 지난 2015년 매출 1200억 엔(1조1천억 원)을 기록한 호토모토는 현재 국내에 명동점과 서울역점, 압구정역점 등 직영점 3곳을 운영하고 있다. 호토모토는 연 200개의 매장을 국내에 오픈해 3년 안에 한솥과 어깨를 나란히 한다는 계획이다.

호토모토의 이 같은 방침은 국내 도시락 시장에 대한 성장 가능성을 확인했기 때문으로 풀이된다. 호토모토는 경기 불황 탓에 싸고 맛있는 음식을 원하는 한국 소비자가 늘고 있어 한국 시장에서도 좋은 성적을 낼 수 있을 것이라며 실제로 호토모토는 10년 전 일본 경기가 최악일 때 연 200개씩 매장을 늘리며 급성장했다.

'도시락 꼭 필요해' 72.6%로 전문가들은 3~4년 사이 국내 도시락 시장 규모가 지금의 2배 이상 커질 것이라는 전망을 내놓고 있다. 1인가구의 증가와 각 업체들이 도시락 상품 개발에 투자를 아끼지 않으면서 시장 수요는 계속 늘어날 것이 분명하기 때문이다.

2) '혼밥' 대세, 도시락 전문점 창업 프랜차이즈

1인 가구의 증가로 간편하게 먹을 수 있는 HMR 음식, 테이크아웃 간편식 시장이 꾸준히 성장할 전망이다. 특히 유망한 창업 아이템인 도시락 전문점의 시장 규모와 프랜차이즈 브랜드 현황을 자세히 살펴봤다. 도시락전문점 프랜차이즈에 있어 네이버에서 '도시락'이라고 검색하면 관련 업체 2만6922개가 검색된다.

〈표5〉 도시락프랜차이즈 개설비용

	한솥도시락	토마토 도시락	오봉도시락	본도시락
네이버 지도수	783	133	142	202
공정위 점포수(14년)	643	121	138	169

개설 비용	총비용	49.586㎡ (15평) 7200만원	33.057㎡ (10평) 4500만원	33.057㎡ (10평) 4300만원	39.669㎡ (12평) 5997만원
	가맹비	500만원	500만원	500만원	220만원 (VAT 별도)
	교육비	200만원	200만원	300만원	880만원 (VAT 별도)
	보증금	200만원	200만원		200만원
	로열티		월20만원	월20만원	2%내외 (도시락용기 수령에 따라 다름)

자료 : 창업피아, (2015).

3) 도시락 제1구매 요인 싼 가격이 최대의 경쟁력 구비

소셜 분석을 통해 도시락에 관한 소비자 반응을 살펴봤다. 연관어로 가장 많은 수를 차지한 것이 '싸다' 였다. 2위는 밥, 4위는 집, 5위 아침, 6위 편의점, 7위 갓세븐, 8위 점심, 9위 남편, 10위는 메뉴였다. 즉 가격이 저렴하고 간편해서 도시락을 먹는다고 유추해 볼 수 있다.

키워드 분석 결과 '도시락' 키워드 검색 수는 PC와 모바일을 포함 한 달 15만 건 이상이었다. 참고로 일본 벤또 전문점이 수년전에 창업 시장에 나왔다가 오래 경영을 지속하지 못하고 실패한 사례가 있다. 하지만 현재는 한국과 일본 모두 1인식, '혼밥'의 사정권 안에 들어와 있다.

2. 도시락 전문점의 창업 시장 유형과 포인트

1) 가격경쟁력

도시락이 가장 큰 매력은 가격경쟁력에 있다. 주 소비층이 젊은 세대가 많은 만큼 가격에 민감하다. 식재료가격이 인상되어도 도시락 가격은 쉽게 인상되지 않을 정도다. 그만큼 프랜차이즈 본사는 저렴한 가격에 좋은 품질의 식재료를 공급할 수 있는 역량을 갖추어야 한다. 식자재 인상과 기타변수 등이 발생했을 때, 가격인상으로 경쟁력이 실추한 사례도 존재하기 때문이다.

이러한 성향은 갈수록 증가할 것으로 보인다. 젊은층을 중심으로 아침을 거르는 문화가 자리 잡기 시작했고, 구내식당보다 도시락이 매력적이기 때문이다. 입점해있는 브랜드는 대부분이 '가격은 저렴

하면서 양은 푸짐하게 전략' 을 고수하고 있다. 이러한 대학가 전략
도 방학이라는 특수 변수가 있다. 때문에 학생층 외에도 상주고객
확보도 중요하다.

2) 고정관념 탈피

도시락이라는 아이템은 밥과 반찬을 기본으로 하고 있다. 때문에
도시락 브랜드 운영자 시각에서는 경쟁업소가 제한적으로 여겨진다.
하지만 포장이 용이하고, 식사대용으로 할 수 있는 모든 메뉴가 도
시락이라고 할 수 있다. 패스트푸드에서 베이커리, 샌드위치 등도 충
분히 도시락을 대체할 수 있다. 이들의 성향은 가정에서 조리하기보
다는 외식과 가정대체식(HMR) 메뉴를 선호하는 편이다. 가정에서
조리에 번거로움을 느끼기 때문이다. 주식으로 즐겨도 물리지 않는
맛과 부담되지 않는 가격도 도시락 창업의 주요 포인트다.

3) 브랜드의 강점을 벤치마킹한 나만의 경쟁력 확보

도시락 문화가 가장 선진화 된 나라는 일본이다. 산업화가 시작되
면서부터 발달해온 도시락 문화는 전통 일식과 곁들여지면서 크게

발전했다. 오늘날에는 대표적인 식사 문화로 자리 잡았으며, 시장규
모도 크게 성장해있다. 일본의 도시락 문화는 우리나라에 시사 하는
바가 크다.

　이처럼 점포의 효율성을 향상시킨 배달 전문점이 각광받고 있다.
저가 도시락은 수익률 계산이 어려워 배달이 어렵지만, 고급 도시락
은 배달 시에도 수익률이 높은 편이다. 도시락에 대한 수요가 증가
하고 고객 수준도 높아짐에 따라 가격보다 품질을 중요시 하는 고객
도 증가했다. 프리미엄 도시락과 배달 전문점의 가능성이 곳곳에서
보이고 있다.

3. 도시락전문점업계 동향

1) 도시락전문점 동향

　도시락전문점은 본도시락을 비롯해 대학과 비즈니스상권에서 지속
적인 성장을 하고 있다. 최근에 다양한 메뉴를 낸 한솥도시락, 오봉
도시락, 토마토도시락, 얌샘 등 신개념의 퓨전도시락 전문점들이 속
속 시장에 등장했다. 또한 차별성을 더한 일본식 수제도시락 전문점

도 유동인구가 많은 상권에서 인기를 끌고 있다.

국내 1인가구가 2015년 27%(서울은 36%)에 이를 정도로 계속 증가하고 있으며, 도시락을 비롯한 가정간편식 시장이 연 32조 원 규모로 성장하고 있다. 또한 경기불황이 장기화되면서 편의점업계의 도시락 매출이 크게 성장하고 있다. 최근에는 편의점에서 점심을 해결하는 직장인이 급증하고 있는 반면 패밀리레스토랑은 프리미엄급 도시락을 판매하고 있다. 한국의 직장인 평균 점심 비용은 7천원으로 편의점의 도시락은 3500~4500원대이다.

여러 편의점을 돌며 도시락을 분석하여 정보를 제공하는 블로그까지 등장하고 있다. 30여개에 이르는 국내 편의점도시락 정복기를 연재 중인 한 블로그는 "편의점의 경쟁에서 잇달아 새로운 도시락이 판매되고 있다"며 "통신사 할인카드 등을 이용하면 보다 저렴한 가격으로 점심이 해결 될 수 있다"고 소개하고 있다.

2012년 동원산업과 합작으로 한국에 진출한 호토모토는 직영점을 운영하고 있으며, 본격적으로 가맹점사업을 하고 있다. 프랜차이즈 도시락의 60%를 점유하는 한솥도시락은 2016년 현재 670개의 매장을 2020년까지 1000개로 늘린다는 계획을 세우고 있다.

브랜드명	회사명	홈페이지
본도시락	본아이에프(주)	www.bonif.co.kr
한솥도시락	㈜한솥	www.hsd.co.kr
토마토도시락	㈜다채원	www.dachaewon.co.kr
오봉도시락	㈜오색만찬	www.iobong.com
얌샘	㈜얌샘	www.yumsem.co.kr

2) 25×20cm 사각형의 전쟁, 편도족도 가세

편의점도시락이 어엿한 한 끼로 성장하여 최근 김혜자·백종원·혜리 3파전이 치열하다. 20·30대가 58.6% 소비, 가격 저항선은 4500원에 최근에 반찬 9~10개가 보편화 되었다. 요즘 편의점 도시락시장은 인기 연예인들이 벌이는 대리 전쟁터다. 2010년 GS25가 '김혜자 도시락'을 출시하며 편의점 브랜드 도시락시장을 열었고 지난 2016년3월 세븐일레븐이 '혜리 도시락'으로 경쟁구도를 만들었다. 여기에 CU가 '백종원 도시락'을 내세우며 3파전 양상으로 가고 있다. 엄마(김혜자)·먹방(혜리)·집밥(백종원) 이미지를 앞세운 경쟁에 SNS에는 각 도시락의 장단점을 비교하는 글들이 올라온다.

치열해진 업계 경쟁만큼 편의점 도시락을 먹는 사람도 늘어나는 추세다. 2016년 GS25·CU·세븐일레븐의 매출은 지난 2015년 대비 각각 54.2%, 46.1%, 89.5% 성장했다. '편도족(편의점 도시락족)'이라는 말까지 생겨났다. 요즘 업계에서는 '외식 시대도 가고 집밥 시대도 가고 편의점 도시락의 시대가 왔다'고 말할 정도다. 싸구려 음식 취급을 받던 편의점 도시락이 어떻게 한 끼 식사 자리를 차지하게 됐을까.

각 편의점이 주력 상품으로 밀고 있는 백종원 도시락, 김혜자 도시락, 혜리 도시락. 가격 대비 품질이 좋다는 소문이 퍼지며 2016년에만 김혜자 도시락 1400만 개, 혜리 도시락 800만 개가 팔렸다. '혜자 스럽다(양이 푸짐하다)', '마더 혜레사(마더 테레세+김혜자)' 같은 말도 생겨났다.

이화여대 구내의 한 편의점. 원형 테이블 3곳에서 학생들이 편의점 도시락을 먹고 있었다. 바로 옆 건물에 한식부터 양식까지 갖춘 식당이 있지만 이들은 편의점을 택했다. 혼자 도시락을 먹던 학생들은 이 근처에서 스터디를 하는데 값도 싸고 양도 적당해서 자주 사 먹는다고 한다. 그가 택한 메뉴는 '김혜자 진수성찬 도시락'. 원래 가격은 3500원이지만 통신사할인을 받아 2980원에 샀다. 행사로 받은 컵라면은 덤이었다.

편의점 도시락의 주소비자는 20~30대 직장인과 대학생이다. CU가 조사한 결과에 따르면 도시락소비자 중 20~30대 비율이 58.6%에 이른다. 점포 순위에서도 이런 경향이 드러난다. GS25의 도시락 매출 상위 5위 점포는 관악구와 서대문구의 대학가, 사무실들이 몰려있는 강남구 등 대학이나 회사 인근에 집중돼 있다.

가로25cm, 세로20cm 도시락 용기 안에는 편의점 회사들의 치열한 전략이 숨어 있다. 요즘엔 맛과 가격뿐 아니라 비주얼도 신경 쓴다. 붉은 제육볶음이 주 반찬이면 계란말이로 노란색을, 시금치 무침으로 초록색을 표현해 색 조화를 고려한다. 이는 초기에 '안전한 먹을거리'란 이미지를 부각했다면 요즘엔 성인 남성에게도 부족하지 않은 양을 더 중시한다. 한 끼 식사임을 보여주기 위해 반찬 가짓수도 늘리고 있다. 김혜자 도시락은 2010년 출시 초기엔 4가지 정도였던 반찬 개수가 9~10개까지 늘어났다. 세븐일레븐은 아예 '11찬 도시락' 처럼 반찬 개수로 이름을 지었다. 제대로 된 식사라는 느낌을 주려고 반찬도 김치·나물·고기 등 한식 위주로 갖춘다. 물론 각 반찬의 양은 비엔나소시지 2개, 손톱만큼 담은 시금치처럼 매우 적다. 가격 책정에도 전략이 있다. 업계에서는 가격 마지노선을 4500원 정도로 본다. 보통 식당에서 가장 싸게 밥을 먹을 수 있는

게 5000원 이상 도시락 매출 비중은 2013년 35%에서 52%로 증가했지만 4500원 이상인 도시락은 나오지 않고 있다.

3) '함께 먹는 밥'에 의미 두지 않는 세대

2030세대들이 편의점 도시락을 찾는 것을 두고 전문가들은 '청년층의 빈곤'을 말한다. 소위 88만원 세대라 불리는 요즘 청년들은 시간과 금전적으로 모두 여유가 없다. 절대적인 빈곤이라기보다 그만큼 심리적으로 쫓기고 있다는 의미다.

편도족의 등장을 보면 젊은 세대가 더 이상 함께 먹는 밥에 의미를 두지 않는다. 50대 이상세대에게 '점심을 먹는다'는 '여러 사람과 어울려 사교 활동을 한다'와 동의어다. 하지만 요즘 세대는 더 이상 그렇지 않다. 우리나라의 집단문화가 서서히 붕괴되고 있는 것이다. 장기적으로는 우리나라도 일본처럼 도시락 문화가 더욱 확산될 것이다. 일본도시락 시장은 편의점 전체 매출은 20~30%를 차지할 정도로 비중이 높다. 도쿄에서는 점심시간에 회사원들이 쏟아져 나와 편의점에서 도시락을 사간다. 10년 전만해도 남의 나라 이야기였지만 요즘 상황을 보면 점차 그런 방향으로 가고 있는 것이 현실이다.

III

도시락전문점의 시장동향과 성장

1. 불황에 강한 도시락 프랜차이즈 대약진

1) 도시락전문점의 성장가능성

도시락 시장은 어느 날 갑자기 떠오른 아이템이 아니다. 창업 시장에서 오랜 기간 자리 잡아왔으나 1998년 IMF 외환위기를 거치면서 크게 발전해 왔다. 식생활이 가정식 중심에서 가정대체식으로 변화하면서 시장이 커진 것이다.

'도시락'은 원래 외부활동을 할 때 식사가 용이하지 않아 선택한 차선책이었다. 학교 급식이 실시되지 않았을 시절에 '이동식 집밥' 혹은 소풍과 같은 나들이 때 먹는 음식이란 개념이 강했다. 그랬던 도시락이 이젠 온전한 식사의 개념을 장착한 특화된 외식 분야로 성장했다.

2) 도시락전문점 시장 동향

1인가구 증가는 물론이고 불경기로 점심 값을 아끼려는 직장인과 야외활동을 즐기는 레저인구가 늘어나면서 도시락 전문점이 더욱 각광받고 있다. 도시락의 최대 장점은 건강함이 담겨 있으면서 값싸고 먹기 편리한 패스트푸드의 시스템이 녹아 있다는 점이다. 도시락을 사먹는 가장 큰 이유 중 하나는 부담 없는 가격 때문이다. 따라서 도시락 전문점 역시 단순한 메뉴구성과 비교적 저렴한 식재료로 최대한 싸게 판매하는 것이 핵심 사항이다. 이로 인해 최근에는 편의점 도시락과의 경쟁을 피할 수 없게 되면서 즉석조리와 메뉴의 다양성을 강화한 차별화 전략으로 전환했다. 가성비가 좋은 점이 어필되면서 고객층 확산이 이뤄지고 1인 가구의 증가 그리고 혼밥이 이슈화 되면서 도시락 시장 또한 점점 더 커지고 있다. 예전에는 도시락이 나들이를 갈 때나 먹는 것으로 인식됐다. 하지만 이제는 간단한 아침으로, 알찬 점심으로, 여유 있는 저녁으로 도시락을 이용하는 사람들이 점점 늘고 있다. 혼자 혹은 둘이 살면서 음식을 해먹는 것보다 편한데다가 비용도 저렴하기 때문이다. 도시락 프랜차이즈들과 함께 편의점에서도 도시락 판매율이 꾸준히 상승하고 있다. 각조 유명인의 이름을 딴 도시락들이 크게 유행하면서 전체 매출에도 영향을 줄 정도로 판매량이 늘고 있는 것이다.

  도시락의 특성상 테이크아웃이 대부분이기 때문에 33㎡전후의 매장으로도 충분히 운영이 가능하다. 대기할 수 있는 공간조차 없는 경우도 있다. 도시락전문점 프랜차이즈부터 수제 도시락 그리고 편의점 도시락까지 도시락의 시장은 더 넓고 깊어지고 졌다. 얼마나 더 발전할 수 있을지는 예측하기 어렵지만, 그 인기가 쉽사리 줄어들지 않을 것임은 분명하다. 최근엔 고급형·맞춤형 도시락이 시장 트렌드를 이끌고 있다. 끼니를 해결하기 위해서가 아니라 전문점 메뉴 못지않은 맛에 매료돼 찾는 이들이 증가했다 여기에 장소에 구애받고 즐길 수 있는 간편성과 편리성까지 더해져 현대인들의 라이프스타일과 어울리는 아이템으로 각광받고 있다. 이 밖에 직장인과 주거 밀집지역 위주로 주문배달 도시락 전문점과 매장운영 위주의 집 밥 도시락 전문점이 좋은 반응을 얻고 있다.

3) 창업의 조건 및 유의사항

10년전 까지만 해도 한식 위주의 도시락이 주류를 이뤘지만 현재는 한 가지만 고집할 수 없는 환경이다. 왜냐하면 고객 취향이 훨씬 다양하고 요구조건도 까다로워졌기 때문이다. 따라서 고객니즈에 부합한 일식, 퓨전 등 종류를 끊임없이 개발하고 다양화시켜야 한다. 도시락전문점은 보통 33㎡ 내외의 소형 점포로 오픈 가능하고, 평균 창업비용은 1억원 안팎이다. 나만의 브랜드 네이밍과 상호디자인 등 브랜딩작업도 뒤따라야 한다.

2. 도시락 브랜드별 상품트렌드와 마케팅 전략

빠르고 간편하게 한 끼를 먹을 수 있다는 점 때문에 많은 사람들은 도시락을 즐겨 먹는다. 그 중 누구나 한번쯤은 저렴한 가격과 깔끔한 맛으로 유명한 '한솥 도시락'을 먹어보았을 것이다. 그만큼 '한솥 도시락'은 도시락 시장의 1인자였다. 그러나 최근 '한솥 도시락'에 맞선 '본도시락'이 무섭게 성장하고 있다. 저렴한 가격으로 학생들의 절대적인 지지를 받는 '한솥도시락'과 고급 한식으로 직장인을 사로잡는 '본도시락'의 경쟁은 더 치열해질 것이다.

1) 서민도시락 한솥, 부동의 1위

도시락전문점 브랜드 중 가장 앞서 가고 있는 곳은 한솥도시락이다. 1993년 설립된 한솥도시락의 가맹점 수는 604개에 이른다. '한솥 도시락' 회장은 서민들에게 저렴하고 따뜻한 밥 한끼를 먹게 하기 위한 연구를 했다고 자부한다. 이 회장이 가격을 크게 올리지 않은 데는 가격 설정을 가장 중요시하는 이 회장의 경영철학이 바탕에 깔려있다. 제육볶음을 비롯해 돈까스, 치킨 도시락은 지금도

2000~3000원대를 형성하고 있다. 또 가맹점은 적은 투자로도 가족의 생계를 책임지게 하기 위해 연구하고 또 연구해 왔다. 그는 창업비용 대비 월 평균 5%이상의 순익을 맞춘다. 가령 1억원을 투자하면 월평균 500만원, 1억 5000만원을 투자하면 월 평균 750만원의 순이익을 가져가는 것이라고 말한다.

품질이 좋다고 가격을 높게 책정하는 것은 누구나 할 수 있지만 품질도 좋고 가격도 싼 상품을 내놓는 것은 아무나 못한다고 주장한다. 창업 초기부터 지금까지 테이크아웃 방식을 고수하고 있으며 배달을 아예 하지 않는다. 테이크아웃만 하면 인건비와 점포 임대비를 절약할 수 있다. 가맹점이나 가맹본부 모두 저비용경영을 할 수 있는 토대가 마련돼 상품 가격을 싸게 유지할 수 있다. 또한 저렴하고 맛있는 메뉴는 탄탄한 고정 고객층을 형성, 각 가맹점은 경기변동에 영향 받지 않고 안정 되 매출을 확보할 수 있다. 특히 요즘처럼 불황일수록 수요가 더 늘고 있다.

이 회장은 현재 600여개의 가맹점을 1000여개 가맹점으로 늘리겠다며 24년간 축적된 노하우로 베이비부머 퇴직자 등 창업희망자들에게 건실한 일자리를 제공하겠다는 포부를 밝혔다.

2) 웰빙 시대에 맞춘 고급도시락의 출현

기존의 인스턴트 위주의 저가 도시락이나, 편의점 도시락 수요 이외에 건강에 좋은 고급 도시락 수요가 점차 커져 명품도시락을 내세운 본도시락 또한 무섭게 성장하고 있다. 본아이에프의 대표는 혼자 사는 사람, 바쁜 직장인이 많아지면서 도시락시장은 확대될 것 이며, 더 맛있고 건강한 한식메뉴로 구성한 본도시락은 확실히 성공 가능성이 높다며 본도시락의 성공 가능성을 자신했다.

본도시락은 국내 대표 죽 프랜차이즈 본죽의 성공 노하우를 가진 본아이에프의 제 2브랜드로 2009년부터 총 3개의 테스트 매장을 운영해 가격, 메뉴, 인테리어, 배달서비스 등에 대한 소비자의 반응을 철저히 분석했고 3년간의 브랜드 검증 작업을 거쳐 지난 2015년3월 도시락 프랜차이즈를 본격적으로 전개하기 시작해 현재 가맹점 59개, 직영점 7개로 전국 총 66개의 매장이 운영되고 있다. 본도시락은 흑미밥과 한식 반찬으로 구성된 한식 도시락으로 튀김류 중심의 저가 도시락과 차별화 했으며, 배달서비스를 도입, 편의성을 높인 것이 특징이다.

명품도시락 제품은 기존 저가도시락 브랜드로 차별화한 것으로 경제력 있는 20~40대 직장인 대상으로 만들어졌다.

3) 1~2인 가구를 공략하는 도시락시장

앞으로 1~2인 가구가 증가하면서 도시락 시장은 더욱 커질 것으로 예상된다. 통계청이 발표한 '2010~2035년 장래 가구추계'에 따르면 1인 가구는 25.3%, 2인 가구는 25.2%를 차지해 전체 가구의 과반수이고, 2035년에는 더욱 늘어 1인가구는 34.3%, 2인가구는 34%에 달할 것으로 예측되고 있다. 창업 전문가는 "국내 도시락 시장 규모는 편의점을 통해 유통되는 매출액 7000억원을 포함해 대략 2조원 이상으로 보고 있다. 현재 도시락 프랜차이즈 가맹점이 꾸준히 증가하고 있는데 아마 이보다 더욱 증가할 것"이라고 전망했다. 시장의 수요에 따라 편의점 또한 다양한 도시락을 제공하고 있다. 보광 훼미리마트는 지난 2016년4월 미트볼, 돈까스, 닭갈비 등 반찬만 모은 반찬도시락을 출시했으며, GS25는 일반적인 도시락 형태를 벗어난 컵밥을 내놓기도 했다.

이 같이 1인 가구의 증가, 그리고 혼밥이 이슈화되면서 도시락 시장이 점점 더 커지고 있다. 예전에는 도시락이 나들이를 갈 때나 먹는 것으로 인식됐다. 하지만 이제는 간단한 아침, 알찬 점심, 여유 있는 저녁으로 도시락을 이용하는 사람들이 점점 늘고 있다. 대기할 수 있는 공간조차 없는 경우도 있다. 아이러니하게도 매장은 작은 반면 판매하는 메뉴의 종류는 점점 늘어나고 있으며 고객 또한 늘어나고 있다. 도시락전문점 프랜차이즈부터 수제도시락, 그리고 편의점 도시락까지 도시락의 시장은 더 넓고 깊어지고 있는 것이다.

몇 해 전, 일본 여행에서 인기 애니메이션인 '호빵맨' 작가의 출신 도시여서 기차 안에서도 호빵맨 도시락을 판매하는 것을 볼 수 있었다. 아기자기하게 예쁜 것은 물론, 호빵맨 모양의 물병은 최근까지도 쓰다 버릴 정도로 괜찮은 아이템이었다. 당시 탔던 기차도 호빵맨 캐릭터가 가득한데다가 관광기차여서 풍경도 무척 아름다웠는데, 아이러니하게도 가장 기억에 남는 것은 호빵맨 도시락이다.

아름다운 자연도 인상적인 관광지도 좋지만 먹는 것 역시 그에 부족하지 않다. 그런데 도시락은 아름다운 자연을 보면서 혹은 인상적인 관광지를 보면서 먹을 수 있기 때문에 좀 더 특별하다. 커피나 아이스크림은 한 가지 메뉴지만 도시락은 좀 더 오랜 시간을 두고 먹기 때문에 그럴 수도 있을 것이다. 호빵맨 도시락 역시 아름다운 자연을 볼 수 있었던 기차에서 먹었기 때문에 더 기억에 강하게 남아있는지도 모른다.

좀 더 다양하고 알찬 구성으로 인해 그 인기가 더 높아지겠지만 한켠에는 도시락이 주는 낭만, 그리고 로맨틱함이 있기 때문에 사람들이 더욱 좋아하는 것이다.

3. 가성비 최고의 외식메뉴 도시락전문점

1) 최대한의 한 끼를 위한 최소한의 노력

한 끼를 제대로 먹기 위해서 해야 하는 일은 매우 많다. 레토르트 식품을 먹는 것보다 반찬을 사먹는 것보다 이러한 문제를 한 번에 해결할 수 있는 것이 바로 도시락이다.

식생활 최고의 파트너인 도시락 프랜차이즈는 아침을 챙겨먹을 시간이 없을 때, 짧은 점심시간을 효율적으로 이용하고 싶을 때, 여유 있는 저녁을 만끽하고 싶을 때 도시락은 최고의 파트너다. 전자레인지만 있으면 언제나 따뜻하게 먹을 수 있으며, 설거지도 필요 없으니 신경 쓸 것이 없다.

쉽지 않지만 매력이 분명한 도시락 프랜차이즈전문점은 창업을 하는 사람들에게도 도시락은 매력적인 아이템이다.

'혼밥(혼밥 먹는 밥)', '혼술(혼자 먹는 술)'이 트렌드다. 누구의 방해도 없이, 언제 어디서나 깔끔하게 먹을 수 있는 '도시락&테이크아웃' 메뉴가 인기를 끌고 있는 것 또한 그래서다. 1인 가구가 증가하고 있는 상황에서 경쟁력 있는 혹은 차별화된 '도시락&테이크아웃' 프랜차이즈 브랜드들을 살펴보는 것도 이란 음식점 메뉴 제공형태와 플레이팅 등 국내 외식시장의 현재를 되짚어보는 동시에 미래를 예견해보는 일이기도 하다.

2) 도시락 테이크아웃 메뉴의 차별화와 고급화

국내 1인 가구가 급격하게 늘어나고 있다. 결혼을 기피하는 젊은 이들이 늘어나는 것은 물론, 이혼율 또한 함께 증가하고 있어 1인 가구를 위한 시장은 점차 그 범위를 넓혀갈 것으로 보인다. YTN의 통계에 따르면, 지난 1985년 국내 1인 가구의 비중은 6.9%. 그로부터 25년 후인 2010년 18.2%로 증가하더니 5년 후인 2015년엔 27.1%로 늘어났다. 향후 2030년엔 전체 국민의 34.3%가 1인 가구일 것으로 전망되고 있다.

혼자 사는 사람들을 위한 테이크아웃, 도시락 아이템, 그리고 HMR(Home Meal Replacement; 가정식 대체식품) 시장의 확대는 이러한 사회적 흐름을 잘 보여주고 있다. 실제로 편의점 CU의 도시락 매출은 지난 해 65.8%, GS25는 58.9%증가 했다. 언제든지 간편하게 사먹을 수 있는 것은 물론 예전에 비해 도시락품질이 한층 더 높아졌기 때문으로 보여 진다.

2017년 편의점 도시락 시장이 5000억원까지 성장할 것으로 예상되는 가운데 도시락, 테이크아웃 관련 프랜차이즈 브랜드들 또한 품질의 차별화, 고급화에 주력하고 있다. 수많은 도시락 가운데서 소비자들의 선택을 받기 위해서는 그 방법만이 유일한 방향이자 대안이기 때문이다.

3) 밥버거, 볶음국수 등 다양한 테이크아웃 아이템의 등장

그렇다면 국내에서 대중들에게 어느 정도의 인지도를 확보하고 있는 도시락, 테이크아웃 프랜차이즈 브랜드들은 어느 곳이 있을까. 가장 먼저 〈한솥도시락〉이다. 1993년, 국내 최초로 도시락 프랜차이즈로서의 입지를 다지며 그 모습을 드러냈기 때문이다. 이후, 한층 고급스러운 콘셉트의 〈본 도시락〉을 비롯해 〈토마토도시락〉, 〈오봉도시락〉 등 다양한 브랜드가 소비자들의 지갑을 열게 만들었다.

도시락 외의 테이크아웃 아이템으로 2010년, 동남아 볶음국수를 종이박스 패키지에 담아낸 〈누들박스〉를 비롯해 2011년 4월, 〈봉구스밥버거〉가 직영 1호점을 오픈하며 새로운 시장을 만들어 나가기 시작했다. 그리고 같은 해 컵밥 브랜드인 〈더 컵〉은 브랜드론칭 후 홍콩과 싱가포르, 프랑스 등에 진출하며 한식의 또 다른 가능성을 확인했다. 이 외에도 크고 작은 도시락, 테이크아웃 프랜차이즈 브랜드들이 등장했지만 뚜렷한 족적은 남기지 못한 채 외식시장의 한편으로 조용히 밀려나 있었다.

그리고 2012~2013년 도시락, 테이크아웃 메뉴를 주축으로 한 프랜차이즈 브랜드들은 다시금 고개를 들기 시작했다. 급격하게 변화하는 시대적 상황에 외식시장의 수요 또한 확대되고 있었기 때문이다. 이제 앞으로 도시락, 테이크아웃 메뉴를 갖춘 프랜차이즈 브랜드들은 우후죽순 생겨날 것이다. 그다지 경쟁자가 많지 않은 시장, 얼마든지 차별화한 브랜드가 등장할 수 있는 틈새는 충분히 존재하고 있다.

〈표7〉 '도시락&테이크아웃' 3사 개설비용

브랜드명	론칭연도	매장수	월평균 매출	총 개설비용
한솥도시락	1993년	680여 곳	3000만원 내외	8200만원 (66.11m², 20평)
바비박스	2011년	30여 곳		8440만원 (66.11m², 20평)
샐러디	2013년	5곳		6800만원 (49.58m², 15평)

신촌에 위치한 〈싸움의 고수〉는 1인 보쌈 전문점을 표방하고 있는 곳, 2~3인이 모여야만 먹을 수 있는 보쌈메뉴를 1인 단위로 플레이팅 제공해 누구나 부담 없이 즐길 수 있게 했다. 현재 신림점과 고려대점, 경희대점, 신촌점 등 대학가 주변에 입점해 있는데, 특히 신촌점의 경우에는 56.19m^2 (17평) 규모의 매장에서 일평균 200~250만원의 매출을 올리고 있다.

〈싸움의 고수〉 슈퍼바이저는 1인 단위로 부담 없이, 깔끔하게 제공되는 메뉴는 점점 더 경쟁력을 갖출 것으로 예상하고 1인 단위로 메뉴제공이 되는 음식점이라고 해서 고객들도 혼자 오는 것은 아니기 때문에 타깃 고객들의 범위, 성향을 제한할 필요 또한 없다고 주장한다. 중요한 것은, 시간과 장소의 구애를 받지 않고 언제든 부담 없이 즐길 수 있도록 메뉴구성을 할 필요가 있다는 것을 볼 때 최근의 1인 단위 메뉴 플레이팅, 테이크아웃 트렌드에 대해 설명했다. 도시락과 테이크아웃 외에 기존의 음식점들에서도 얼마든지 적용을 고려해 볼만한 사례다.

4. 편도족의 천국, 편의점도 도시락 전쟁가세

1) 편의점 '히트상품', '효자상품' 점거하는 도시락

국내 도시락 업체의 매출 규모가 매년 성장세를 보이고 있다. 업계에서 추산하는 국내 도시락시장 규모는 약 2조5000억~3조에 이른다. 점심시간을 자기계발에 할애하는 직장인과 기업체의 점심회의, 1인 가구 증가 등 간단한 한 끼를 찾는 채널이 다양해지면서 도시락 메뉴에 주목, 수요가 늘어났다. 이에 따라 도시락전문점은 물론 패밀리레스토랑, 보쌈전문점, 반찬 전문업체에서도 자체메뉴를 활용한 도시락 메뉴를 선보이며 시장 선점에 나섰다. 그 가운데 눈에 띄는 성장세를 보이는 것이 편의점 도시락이다. 국내 편의점 도시락시장 규모는 2013년 1500억원에서 지난 2015년 3000억원으로 2년 사이 2배의 성장을 보였다. 2016년에는 5000억원까지 확대 되었다.

편의점 도시락으로 끼니를 해결하는 '편도족' 이 늘어나면서 편의점 도시락시장은 하나의 트렌드로 자리 잡았으며, 밥과 반찬으로 구성한 백반 형태의 도시락에서 나아가 한식, 중식, 일식, 양식 등 갖가지 특색을 내세운 도시락이 편의점마다 히트상품으로 떠오르고 있다.

종류도 다양하다. 현재 주요 편의점 업체가 판매하는 도시락은 CU 13종, GS 17종, 세븐일레븐 19종으로 반찬 가짓수에 의존하던 편의점업계가 다양한 메뉴개발에 열을 올리며 잇달아 신제품을 출시하고 있다. 2016년만 해도 CU는 순대국밥 정식 도시락과 부대찌개 도시락을 차례로 출시한데 이어 달걀프라이와 튀김만두를 곁들인 짜장밥과 카레밥 메뉴를 선보였으며, 된장국과 미역국, 사골국 등 도시락에 곁들여 먹는 컵국도 등장했다. 최근에는 국내 업계 최초로 디저트를 함께 구성한 돈가스&소시지 정식을 출시, 치즈케이크를 함께 담았다.

GS25는 2016년 4월경 부대찌개 정식도시락, 콩나물 해장국도시락을 출시한 한편 지난 2015년 6월에 선보인 2분 김치찌개 덮밥은 한 달 만에 약 50만 개가 팔렸다. 세븐일레븐은 건강을 챙기는 30대 직장인을 타깃으로 6년근 홍삼 농축액을 밥물에 넣어 만든 홍삼 불고기 도시락을 내놓았으며, 신세계가 운영하는 위드미는 조선호텔출신 셰프가 만든 함박스테이크 도시락에 100g짜리 두툼한 스테이크를 담아냈다.

가격대도 다양해질 전망이다. 그동안 3000원~4000원대로 형성되어 있던 편의점 도시락시장에 저가부터 고가까지 다양한 제품 구성으로 수익을 높이려는 움직임이 보인다. 지난 2015년 7월 10일 GS

에서 출시한 김혜자 민물장어덮밥 도시락을 시작으로 주요 업체들의 프리미엄 도시락 출시가 러쉬를 이룬다. 소비자들은 저렴한 식사 대용품이던 편의점 도시락의 가격이 너무 높다는 반응이지만 업계는 고가의 재료를 싼값에 제공한다는 입장이며 물론 싼값이지만 품질은 '싼 값어치'를 해선 안 되지만 이제 편의점 히트상품으로 도시락이 대세임을 부인할 수 없다.

한편 도시락 출시로 인한 효과에 있어 최근 '혼밥족', '집밥' 트렌드에 맞춰 혼자서 먹기 힘든 보쌈메뉴를 도시락으로 출시했다. '정성도시락'은 원할머니보쌈·족발의 신메뉴이자 새로운 서비스로 지난 2016년 5월부터 9월까지 도시락 테스트를 진행한 후 판매하고 있다. 이용고객들 사이에 입소문을 타면서 도시락 판매량이 급증했고, 기존 원할머니 브랜드에 대한 경험이 부재한 고객층까지 끌어들여 브랜드인지도도 전보다 높아졌다. 가맹점의 점심 매출이 올랐고 가맹점주의 만족도도 높아 현재 약 50여 개 매장에서 판매중인 도시락 서비스를 2016년 초에 대대적으로 확산시켰다. 또한 정성도시락의 경쟁력에 있어 직접 가서 구매해야 하는 편의점 도시락과 달리 원할머니보쌈·족발의 정성도시락은 예약 주문과 대량 판매가 가능하다. 배달 서비스도 시행하고 있어 실제로 매장 인근 오피스, 학교, 세미나, 및 단체 모임의 주문이 많은 편이다. 케이터링 수익 창출로 판로를 확대해 나갈 수 있다는 점에서 도시락시장 진출은 큰 의미가 있다. 외식 브랜드간 도시락 출시 경쟁이 점차 과열되면 케이터링시장도 커질 것으로 예상하기 때문에 정성도시락 출시는 좋은 경험이자 시도라고 생각한다.

2) 외식과 유통의 경계가 흐려지다

외식과 유통업계의 경계가 점파 흐려지고 있다. 대표적인 것이 편의점이다. 편의점업계에서는 외식시장을 위협할만한 다양한 종류의 식품을 생산·제공하고 있으며, 최근에는 다양한 음식을 더욱 편안하게 즐길 수 있는 '공간' 마련에도 주력하면서 외식업계와의 경쟁은 더욱 치열해지고 있다.

1980년대 후발 처음 등장한 편의점은 20여 년 만에 약 3만 개점으로 늘어나 매일 900만 명의 소비자가 방문하는 복합생활거점으로 자리 잡았다. 최근에는 이러한 편의점 식품군의 인기가 그 어느 때보다 거세다. 특히 '품질은 낮고 가격만 비싸다'는 편의점 식품의 편견을 깨고, 가격과 질을 모두 잡은 고품질 상품들을 속속 출시하고 있다. 이에 따라 자연스럽게 외식시장의 소비자들도 편의점으로 대거 이동하고 있는 상황이다.

편의점 식품의 인기 확산에는 '접근성'도 큰 요인으로 분석된다. 3만여 개에 달하는 편의점이 전국 곳곳에 자리잡고 있어 어디서든 쉽게 찾을 수 있는 것이다. 또한 이미 조리된 제품을 데워먹는 형태이기 때문에 구매에서부터 취식까지 걸리는 시간이 짧아 시간 절약이 가능하고, 도시락과 함께 구매하는 비중이 높은 반찬류, 생수, 라면 등을 한 공간에서 손쉽게 구매할 수 있는 여건도 편의점 이용의 장점이다.

3) 복합편의공간으로 진화한 편의점 '도시락 카페'

프랜차이즈 편의점 세븐일레븐이 도시락을 중심으로 한 푸드스토어와 복합 편의공간을 콘셉트로 한 〈도시락카페〉 1호점을 2016년 오픈했다.

서울 강남구에 문을 연 세븐일레븐 도시락카페1호 'KT강남점'은 복층으로 된 단독 건물에 위치해 있다. 고객들의 휴식과 즐거움을 위한 복합적인 가치를 제공한다는 목표아래 가벼운 식사뿐만 아니라 편안하게 대화하며 머물 수 있는 공간을 창출한 것이 특징이다. 이를 위해 '힐링'을 콘셉트로 안마의자를 설치하고 전용 화장실까지도 마련했다.

이는 국내 편의점 산업이 복합적인 편의를 업그레이드하는 질적 성장으로 나아가야 할 시기에 맞추어 향후 편의점의 개념이 '잠시 들르는 곳'에서 '도시락과 수다를 즐기는 편안한 공간으로 진화할 것'을 예고한 것이다. 편의점의 즉석식품 확대와 인기가 과거에 비해 외식업계에 영향을 끼치고 있는 것은 부인할 수 없는 사실이다.

과거 편의점 도시락과의 경쟁에서 외식브랜드 도시락이 우위를 점하는 키워드가 바로 '즉석'이었는데, 이제는 편의점 도시락이 맛과 구성의 다양함 등으로 이 핸디캡을 많이 따라잡은 것이 사실이다.

편의점 식품시장이 더욱 성장하기 위해서는 고객이 구입 후 먹고 갈 수 있는 매장의 대형화가 동반돼야 하는데 이 부분이 카페테리아, 도시락 카페 등으로 현실화 되고 있는 것도 외식업계에는 위험 요소다. 아울러 편의점 단체주문이나 배달 영역까지 넘보고 있는 부분은 외식업계에 치명타 일 수 있다. 다만 배달 부분에 있어서는 외식업계가 다소 비교우위를 지키고 있다.

사람들이 편의점 도시락을 선호하는 이유는 원할 때 쉽게 찾을 수 있는 접근성 때문인데, 편의점에서 배달을 하는 것은 이러한 장점을 극대화하지 못하는 시스템으로 보인다. 소비자의 입장에서 도시락을 배달해 먹는다면 갓 만든 즉석 도시락을 선호할 확률이 높기 때문에 편의점의 도시락 배달만큼은 외식업계와의 경쟁요소가 아니다.

(1) 편의점 도시락시장 성장률 '껑충'

지난 2015년 기준 2조원 규모의 국내 도시락시장에서 편의점 도시락 규모는 약 7000억원으로 전체의 3분의 1을 차지한다. 경기불황과 1인 가구 증가 등의 영향으로 편의점 도시락 매출은 업체별로 매년 40~50%가량 상승하고 그 성장세가 더욱 거셌다.

CU의 도시락 매출이 지난 2014년보다 41.0%증가 했다. 2014년 매출 신장률이 전년 대비 10.2%였던 것과 비교했을 때 신장 폭이 더욱 커진 것이다. 세븐일레븐의 신장률은 87.6%에 이르고 2014년 신장률 51.0%보다 크게 올랐다.

편의점 도시락이 '제대로 된 한 끼'로서 모습을 갖춰가면서 가격이 상승한 것도 특징이다. CU의 도시락 가격대별 매출을 보면 2013년에는 3500원 이상 도시락의 매출 비중이 35.5%였는데 2015년에는 62.1%로 절반을 넘어섰다. 반면 3000원 미만 도시락의 판매 비중은 2013년 35.8%에서 20.4%로 줄었다. 소비자들이 편의점 도시락을 더 이상 '싼맛'에 선택하지 않는다는 방증이다. 도시락 판매율 상승은 1인 가구 증가와 더불어 도시락의 품질이 나날이 좋아지면서 편의점 도시락에 대한 소비자 인식이 달라졌기 때문으로 분석된다.

(2) 11찬 도시락, 장어덮밥, 더욱 건강하고 다양해져

편의점 도시락의 반찬 수를 늘리는 경쟁이 치열했다. 가장 먼저 불을 지핀 곳은 세븐일레븐이다. 지난 2015년 '혜리7찬도시락'을 선보이며 매출 성장률이 두 배 이상 증가하는 등 큰 인기를 모았다. 4월에는 CU가 맞불작전으로 구이와 전, 튀김, 볶음, 나물 등 기본찬을 포함해 9가지 반찬으로 구성된 '국민9찬밥상 도시락'을 내놨다. 이제품은 출시 3일 만에 씨유 간편식 매출 1위에 오르기도 했다. 5월에는 미니스톱이 더욱 가짓수를 늘린 '명품 10찬 도시락'을 선보였으며, 세븐일레븐은 11가지 반찬에 중량이 500G달하는 '혜리11찬도시락'을 선보이며 재반격에 나섰다. 맥적구이와 닭다리통살튀김, 버섯돈육볶음의 고기류는 물론 진미채와 오이지, 멸치볶음, 김치 등 입맛을 돋우는 다양한 반찬으로 구성돼 있다. 밥은 니아신 함량이 높아 비타민이 풍부하다는 기장밥을 사용했다. 총 7명의 '밥 소믈리에'가 원재료 준비부터 식단, 위생까지 고려해 만들었다.

세븐일레븐이 반찬수에 집중하고 있을 때 CU와 GS25는 '보양식'에 집중했다. CU는 입맛을 돋우는 '영양 밥상 도시락' 2종을 선보였으며, GS25는 보양 식재료로 인기 있는 장어를 이용한 '식객통장어덮밥'과 훈제오리를 이용한 '식객훈제오리주먹밥'을 선보여 화제가 됐다.

특히 기존 음식 중에서도 고급 보양식으로 통하는 장어덮밥이 편의점 도시락으로 출시됐다는 것은 편의점업계는 물론 외식업계에서도 큰 화제가 됐다. 식객통장어덮밥은 머리와 꼬리 끝을 제거한 장어 한 마리를 당귀와 감초 등 한약재를 사용한 소스에 절여 비린 맛은 없애면서 담백한 맛을 살려 구운 것이 특징이다. 이로 인해 식재료 선정부터 품질, 가성비까지 편의점 도시락은 나날이 진화하고 있으며 맛과 가격에 더해 편의점 간 경쟁으로 인한 다양한 제품 출시까지 편의점 고객 만족도는 나날이 높아지고 있다.

(3) 편의점 도시락, 카페에서 먹는다

편의점 도시락 분야에서 또 한 가지 주목할 점은 바로 편의점이 도시락뿐만 아니라 도시락을 먹을 수 있는 '공간'에 주목했다는 점이다. 최근 편의점 CU는 '카페테리아형 편의점'을 대전시 대덕대에 처음 선보였다. CU대덕대 카페테리아점은 약 330m²(100평)의 초대형 점포로 이곳은 편의점 고유의 기능뿐 아니라 쇼핑몰 내 푸드코트같이 메뉴를 주문해 즉석 먹거리를 소비할 수 있도록 한 것이 특징이다. CU가 학생 고객을 위한 특화 매장을 선보였다면, 세븐일레븐은 오피스상권 내에 '도시락 카페'형 매장으로 편의점의 기능을 확대한 바 있다.

세븐일레븐은 지난 2015년 11월 서울 테헤란로 KT강남점에 도시락을 중심으로 한 푸드 스토어와 복합편의공간을 콘셉트로 한 도시락 카페 1호점을 열었다. 회사원들이 많은 오피스상권 내에 위치한 만큼 식사와 동시에 회의를 하려는 고객을 위해 미팅룸에는 스크린과 화이트보드가 설치돼 있으며, 빔프로젝터 대여 서비스도 제공하고 있다. 세븐일레븐 도시락 카페의 매출은 도시락 등 즉석식품 매출 비중이 전체에서 가장 높은 것으로 나타났다.

(4) 편의점이 이제 배달까지 확대

일부 편의점에서 배달서비스를 발표하면서 편의점시장의 대변혁을 예고하기도 했다. 가장 먼저 배달 서비스를 선보인 것은 편의점 CU다. CU는 배달 전문업체 '부탁해'와 손잡고, 본격적인 배달 서비스를 시작한다. CU 배달서비스는 CU멤버십 애플리케이션, 부탁해 애플리케이션 또는 웹사이트를 통해 이뤄진다. 배달 이용료는 거리에 따라 1500~3000원이다. 위치정보시스템(GPS)을 이용해 주문자로부터 가장 가까운 씨유 매장이 자동으로 지정되는 방식이다. CU는 오피스 가에 1~2인 가구가 밀집해 있는 서울 강남·서초·송파·여의도 지역 30개 매장을 대상으로 두 달 동안 시범서비스를 진행한 뒤, 희망하는 점포의 신청을 받아 서울지역 16개 자치구 1000여개 점포까지 확대할 계획이다. 세븐일레븐도 서울 지역 4개 점포(소공점, 목동점, 공릉점, KT강남점)에서 배달 서비스를 시범운영하고 있다.

5. 외식업소, 이제 도시락에 주목하라

1) 외식업소부가가치 끌어올리기 위한 핵심전략 '도시락'

외식업소에서 부가가치를 끌어올리기 위한 핵심 전략으로 '도시락'에 주목하고 있다. 직장인이나 주부고객, 또는 1인 가구를 겨냥한 도시락 상품을 만들어 단골고객층의 니즈에 부합하면서 추가매출도 높이는 것이다.

(1) 도시락 수요 증가, 외식업소 도시락 메뉴 구성

각종 매체에서 경기 침체와 1인 가구 증가로 도시락시장이 커지고 있다는 기사가 연이어 보도되고 있다. 2010년 붐이 일었다가 다소 주춤했던 도시락 브랜드들이 1인 가구를 겨냥한 신메뉴 출시로 테이크아웃시장에 활기를 불어넣고 있으며, 편의점 도시락 유명 연예인들을 앞세운 공격적인 마케팅으로 파이를 키워가고 있다.

도시락시장 활성화에 구심점 역할을 한 건 편의점 도시락이다. 기본 반찬 4종 이상, 많게는 7~9찬까지 푸짐하게 구성해 3000~4000원대에 판매하며 20대 초중반은 물론 직장인 수요층까지 탄탄하게 확보했다. 최근에는 다양한 찬 구성뿐 아니라 한국인 입맛에 맞는 부대찌개, 된장찌개, 김치찌개를 추가한데다 일부 편의점은 콩나물국밥, 순대국밥 등의 '탕반 도시락'을 선보이기도 했다.

집에서도 10여 가지 찬을 차려 한 끼를 먹기 힘든데 3000~4000원으로 잘 차려진 한식 도시락을 먹을 수 있어 만족스럽고 편의점뿐 아니라 일반 음식점에서도 이 같은 도시락 메뉴를 활성화한다면 자주 사 먹을 것 같다.

도시락 프랜차이즈시장의 경우 신규 브랜드 증가보단 기존 브랜드에서 각각 새로운 경쟁력을 내세우고 있는 추세다. 1세대 도시락 브랜드 〈한솥도시락〉은 최근 신동진 쌀로 밥맛을 차별화해 '밥이 맛있는 프리미엄 도시락'으로 어필하고 있고, 〈본 도시락〉은 지역 특산물을 활용한 정통 한식메뉴를 보완해 '만찬' 같은 도시락을 선보였다. 젊은 세대를 겨냥해 캐주얼하고 세련된 패키지의 간편 수도 도시락을 판매하는 〈바비박스〉는 최근 농협청원생명쌀조합법인에서 당일 도정한 쌀로 '밥이박쌀' 제품을 출시해 품질경쟁력을 내세우고 있다. 이처럼 도시락에 대한 고객 니즈가 증가하고 세분화되어감에 따라 기존 도시락전문점과 편의점은 물론 대중음식점에서도 매장 콘셉트와 유동인구, 메뉴 특성 등에 맞는 도시락을 구성해 매출을 높이고 있는 추세다. 따라서 외식 소비 트렌드는 갈수록 간편성과 가성비를 쫓아가기 때문에 이러한 도시락 바람은 앞으로 꺼지지 않을 것이다. 테이크아웃 판매를 넘어 완성형 상품을 소비하는 추세에 따라 도시락전문점뿐 아니라 다양한 업종의 대중음식점에서 메뉴 경쟁력을 잘 살린 도시락 상품을 구성한다면 브랜드 경쟁력도 확보할 수 있고 동시에 고객 만족도도 높일 수 있을 것이다.

(2) 도시락 상품화로 부가매출·고객만족도 동시 높이다.

유기농막걸리 전문점 〈월향〉은 주류판매점으로서는 최초로 도시락 배달 사업을 시작했다. 막걸리와 함께 판매하는 안주메뉴를 기반으로 화학조미료를 일절 배제한 홈메이드식 한식요리와 찬을 정갈하게 구성, 매장이 위치한 서울 서교동 일대 출판사와 홍보대행사, 기획사 임직원들을 타깃으로 점심시간 도시락을 직원들이 직접 배달하고 있다. 처음엔 단골고객의 요청으로 소량씩 만들어 배달했는데 입소문이 나면서 서교동과 동교동, 합정동, 망원동, 상수동까지 지역 범위를 넓혀 대대적으로 도시락 사업을 펼치게 된 것이다.

메인메뉴는 주로 고추장 삼겹볶음과 소이소스 닭안심튀김, 간장 닭강정, 매운 오징어새우 볶음, 양파를 곁들인 소불고기 등 요일별로 각각 다르게 구성했고 가정식 반찬과 달걀프라이를 올린 밥을 담아 내 만족도를 높이고 있다. 점심시간 인근 직장인들이 갈 만한 식당 이라곤 늘 백반집이나 분식집으로 빤해서 색다른 중식을 제공하면 어떨까 생각한 것이 도시락 사업의 출발이었으며 건강식 홈메이드 도시락을 지향하기 때문에 지금까지 들인 공이나 비용에 비해 수익 은 적은 편이지만 브랜드에 대한 이미지가 훨씬 좋아지고 저녁시간 단체 회식고객도 늘어 장기적으로는 훌륭한 사업이 될 것이다.

서울 강남의 고급한정식전문점 〈예당〉은 1만5000원부터 15만원까 지 다양한 가격대의 한정식도시락을 별도 판매하고 있다. 파인다이닝 한식 매장 특성상 도시락을 미리 만들어놓고 판매하기보다 100%예 약으로만 소량씩 판매하고 있는데 대부분VIP고객들의 조찬회의나 외 부 비즈니스가 있을 때 적게는 10개 많게는 30~40개 까지 주문이 들어온다. 최근 젊은 CEO들은 비즈니스 미팅을 술 접대보다 간단한 점심 미팅으로 대신하는 경우가 많다. 제철재료를 활용한 고급 요리 로 품격 있는 한식 도시락을 구현해 단골고객들의 반응이 상당히 좋 은 데다 외부 미팅이 맞은 비즈니스 고객의 주문율이 높아 추가매출 에도 도움이 된다.

도시락 구성 시 추가 인건비가 아까워 재료비나 패키지 비용을 줄여 싸게 팔려는 생각은 버려야 한다. 3000~4000원대의 편의점 도시락과는 확실한 차별화가 있어야 실질적인 판매로 이어지며 부가수익을 창출할 수 있기 때문이다.

2) 도시락 시장 성장가능성 단체 주문 '활황'

국내 도시락 시장은 현재 성숙기로 향해가고 있으며 시장 규모는 연2조원 정도로 추정되고 있다. 저가 도시락 브랜드와 편의점이 선두구자로 나서 형성된 도시락 시장은 다양한 프랜차이즈 기업들이 도시락전문점 형태로 속속 진출하면서 경쟁체제가 본격화 되고 있다.

업계에서는 보통 2일 전에 미리 예약을 통해 주문받는 것을 기준으로 50개 이상부터를 단체주문으로 통용하고 있다. 하지만 그 규모는 천차만별이라 한꺼번에 500~1000개 이상의 주문을 소화하는 경우도 적지 않다. 업계 관계자들에 따르면 33m²규모의 일반 테이크아웃 전문 매장에서 하루에 제공할 수 있는 도시락은 대략 300~400개 정도다.

다양한 도시락 전문 브랜드가 일정한 시장 파이를 두고 경쟁하고 있는 만큼 각각의 브랜드들은 한 번의 구매가 재 구매로 이어지도록 여러 노력을 하고 있다.

가장 대표적인 것이 맞춤형 메뉴구성이다. 최근의 도시락 브랜드들은 특정 메뉴군이 아니라 고객이 원하는 대로 모임의 성격 등에 맞춰 전략적인 멘 컨설팅을 제공하고 있다. 이에 따라 소비자들은 가격 및 메뉴구성을 자유롭게 조정 가능하다. 비용이 드는 기타 제품을 무상으로 제공하는 것도 단체주문 고객만족도를 높이기 위한 한 방편이다. 생수, 물티슈 등을 무상으로 제공하거나 믹스너트, 치킨박스 등의 사이드 메뉴를 무료로 제공해 단체주문 시 고객이 혜택 받는 기분을 느낄 수 있도록 하고 있다. 업계 관계자들은 단체주문 납품 후 고객만족도를 꼭 체크하고 이를 적절히 피드백 하는 것이 추가 매출을 올릴 수 있는 비법이라고 전했다.

많은 도시락 전문점에서 매출 예측이 가능한 단체주문을 유치하기 위해 다양한 홍보를 하고 있지만 업계 일각에서는 주객이 전도되어 지나치게 집중하는 것은 지양해야 한다는 조언도 있다. 업계는 단체주문은 '보너스' 같은 것이라고 생각하는 것이 좋고 기존 매장 운영에 영향을 끼칠 정도나 도시락의 퀄리티 하락이 우려될 정도로 무리하게 단체주문을 유치하는 것은 장기적으로 악영향을 미칠 수도 있다. 따라서 내부 고객에게 피해가 가지 않으면서 추가 매출을 올릴 수 있는 중요한 매출 다각화의 한 방안으로 생각해야 한다.

(2) 도시락 판매, 유통채널 넘나들며 인기

도시락 판매 및 단체주문은 비단 전문점만의 호황은 아니다. 도시락이 주력제품은 아닌 패밀리레스토랑이나 백화점 식품매장, 일반 식당 등에서도 일부 한정수량의 도시락을 보유해 놓거나 단체주문까지 소화하는 경우가 적지 않다.

패밀리레스토랑 업계 도시락 아웃백·애슐리는 약 2~3년 전부터 테이크아웃 도시락을 판매하고 있는 패밀리레스토랑의 도시락 메뉴는 비약적인 매출 성장세를 보이고 있다. 아웃백은 2009년 처음으로 3종의 도시락을 출시했고, 그 후 인기에 힘입어 2010년 10월, 2종을 새롭게 출시했다. 아웃백 도시락은 테이크아웃시 약 30%할인된 가격에 판매하고 있다.

5종의 도시락 메뉴는 9900원부터 2만원 초반의 가격대로 제공하고 있으며, 테이크아웃 도시락은 전체 매출의 약 10%를 차지하고 있다. 애슐리 역시 '홈스토랑'이 새로운 업계트렌드로 부각되면서 매장보다 저렴하게 구입 가능한 실속형 테이크아웃 메뉴와 프리미엄 도시락 판매가 활성화 됐다. 테이크아웃 형태의 매장인 애슐리 투고의 경우 높은 매출 신장률을 기록하기도 했다.

(3) 백화점에서 제공하는 고품격 도시락 신세계도시락

신세계백화점은 해당 백화점에 입점한 다양한 외식브랜드의 도시락을 전화주문을 통해 판매하고 있다. 신세계에서만 맛볼 수 있는 도시락에 '온리 신세계(Only Shinsegea)'라는 마크를 붙여 소개하는 것이다. 조선호텔, 산채나물 요리전문점 '이경' 등 품격있는 브랜드의 도시락은 물론 '카페 아모제', '고메홈', '인디아게이트' 등 건강 도시락과 세계요리 도시락까지 종류도 다양하다. 신세계 도시락은 전국의 백화점 매장에서 다양한 브랜드의 도시락을 1일 50개씩 한정 판매하고 있으며, 예약 주문 시 단체주문도 가능하다. 도시락 주문을 원하는 고객은 신세계백화점 대표전화를 통해 해당 브랜드의 매장으로 연결 받은 후 사전주문 예약 상담을 통해 매장에 방문 후 수령하면 된다.

국내 대표 패밀리레스토랑 〈아웃백 스테이크하우스〉가 인기 품목인 도시락 메뉴 3종에 이어 2016년 8월부터 업그레이드 된 도시락 2종을 추가로 선보였다. 청명한 날씨의 가을 피크닉과 잘 어울리는 아웃백 도시락 5종이 그것이다.

① **사전 기획 포인트:** 실속과 프리미엄, 고객이 원하는대로 선택 가능한 도시락으로 도시락 시장이 급속도로 성장하면서 다양한 종류

의 도시락을 찾는 고객들이 증가했다. 이 때문에 개인적 기호와 필요도에 따라 가격대가 합리적인 도시락을 선호하는 고객이 있는가 하면 기존 도시락에서는 상상할 수 없었던 고급 요리를 도시락으로 맛보고 싶어 하는 고객들도 늘고 있다.

이번 아웃백의 신메뉴 출시는 바로 이 같은 이원화된 고객 니즈를 충실하게 반영해, 실속과 프리미엄 두 가지 수요를 만족시키는데 사전 기획 포인트를 뒀다.

또한 다양한 연령대로 이뤄져 있는 내부 직원들을 통해 사전 메뉴 테스팅을 진행, 맛에 대한 평가를 꼼꼼하게 진행했으며 R&D 부서에서는 본사 직원 전체의 까다로운 의견을 취합해 오랜 연구 끝에 이번도시락 메뉴를 출시하였다.

② **메뉴 포인트**: 바비큐 소스로 맛을 내고 그릴에 구워 식감 과 풍미가 일품으로 이번에 출시한 업그레이드 도시락 2종 중 '그릴드 치킨 브레스트 도시락'은 저칼로리로 담백하면서도 고소한 맛이 일품인 치킨 브레스트를 그릴에 구운 후, 새콤한 바비큐 소스에 버무려 식감을 최대한 살렸다. 여기에 영양이 풍부한 해산물파스타, 웨지포테이토, 형형색색 신선한 채소샐러드까지 곁들여 알차고 푸짐하게 구성한 실속 메뉴다. 한편 '바베큐 스테이크 도시락'은 지방이 적

고 씹는 맛이 좋은 아웃백 대표 스테이크 중 하나인 '아웃백 서로인 스테이크'를 레드 와인이 곁들여진 바비큐 소스와 그릴에서 조리해 그대로 담아냈으며, 달콤한 코코넛 쉬림프, 볶음밥, 해산물파스타, 신선한 샐러드를 곁들인 프리미엄 도시락 세트다.

아웃백 담당자는 특히 이번에 출시한 바비큐 스테이크 도시락의 경우, 스테이크를 도시락으로도 최고의 상태로 즐길 수 있도록 레드 와인 소스부터 굽기까지 매우 심혈을 기울였음을 강조한다.

③ **마케팅 포인트**: 도시락 출시 기념 체험단 이벤트진행 및 테이크아웃 할인으로 아웃백은 도시락 출시를 기념해 홈페이지 및 페이스북을 통해 다양한 도시락 체험 이벤트를 선보인다. '백 마디 말보다 직접 먹어봐야 진가를 알 수 있다'는 사실을 전달하기 위함이다.

첫 번째는 도시락 영수증 이벤트로 도시락 구매 영수증 응모 번호를 홈페이지에서 바로 입력하는 이벤트로 추첨을 통해 아웃백 가능한정 메뉴와 캠핑용 돗자리를 증정했다.

두 번째는 아웃백 도시락과 함께 즐거운 추억을 남기고 사진을 아웃백 홈페이지 내 라이브 잇에 업로드하면 아웃백 1만 원 체험권을 증정하는 이벤트다. 페이스북에서는 출시 직후 9900원 도시락 체험

단을 모집하는 이벤트를 진행하기도 했다.

또한 더 많은 고객들이 도시락을 즐길 수 있도록 테이크아웃 구매 시 매장가보다 약 30% 저렴한 가격으로 도시락을 구입할 수 있으며, 10만 원 이상 주문할 경우 배달도 가능하다.

④ **셀링 포인트**: 골라먹기 좋고 따로 준비할 것 없어 편리한 도시락 풀세트 전략으로 이번 신메뉴를 포함한 아웃백 도시락 전체 5종은 가격대부터 메인 메뉴까지 다양하게 출시되어 각각 모임의 성격, 원하는 가격대에 따라 자유롭게 선택할 수 있다. 특히 직장인 야유회, 비즈니스 모임, 운동회 등 단체모임에 적합하고, 가족 나들이에 안성맞춤이다. 또한 모든 도시락에 기본적으로 볶음밥, 사이드 메뉴(웨지 포테이토, 치킨펑거, 코코넛 쉬림프), 파스타, 피클, 샐러드가 제공되어 푸짐하게 즐길 수 있다. 뿐만 아니라 아웃백의 상징이기도 한 애피타이저 부쉬맨 브레드부터 생수, 포크나이프 세트까지 모두 다 풀세트로 제공되기 때문에 야외에서 먹을 때 따로 준비해 갈 것이 없어 편리하다.

아웃백 R&D부 부장은 아웃백 도시락은 주문 즉시 바로 만들어지며, 매장에서 먹는 메뉴와 똑같은 맛을 낼 수 있도록 조리 시간 및 메뉴 선정까지 많은 연구를 통해 출시됐다고 강조하고무더위가 가시고, 본격적으로 가족 피크닉 및 회사 야유회 등을 계획하는 가을철, 아웃백 도시락으로 편안하고 즐거운 추억을 만들 수 있을 것이다.

3) 발상을 뒤집는 틈새전략, 프리미엄푸드의 패스트화

고급 식재료, 비싼음식, 고급스러운 분위기의 프리미엄 브랜드일수록 진입장벽은 높고 고객층은 한정적이다. 하지만 지금과 같은 불경기에 프리미엄 콘셉트 하나만으로는 살아남기 힘든 것이 현실, 프리미엄 브랜드의 본질은 유지하면서도 다양한 고객층을 유입할 수 있는 추가적인 전략이 필요하다.

(1) 누리 한정식 도시락

지난 2016년 청탁금지법 시행으로 매출에 타격을 받은 3만원 이상의 한정식집들은 2만원대의 세트메뉴와 도시락으로 위기에 대처하고자 했다. 코스요리를 한상차림으로 바꾸고, 모든 음식을 한 그릇에 담아내는 것, 풀이하자면 미니멀리즘과 패스트 서비스다.

프리미엄 브랜드로서 인지도를 쌓은 곳일수록 다양한 분야로 아이템을 확장하기가 용이하다. 브랜드에 대한 신뢰도가 제품의 신뢰도로 이어지기 때문이다. 이러한 점에서 프리미엄푸드의 패스트화는 고가 브랜드의 취약점인 한정된 고객층과 낮은 효율성을 극복할 수 있는 대안이라 할 수 있다. 인사동 한정식집 누리는 한식 코스요리와 함께 도시락을 메인메뉴로 내세우는 곳이다. 코스요리는 2만2000~4만9500원 도시락은 1만~1만5000원으로 관광객이나 모임고객은 코스메뉴를, 1인 고객과 점심고객은 도시락을 주로 찾는다. 도시락은 홀 주문과 포장 주문이 모두 가능한데 매장에서 먹을 때는 칸칸이 구분된 찬합에, 테이크아웃 시에는 일회용 플라스틱 용기에 담아 정갈하게 제공한다.

누리는 슬로푸드 한정식 상차림을 패스트푸드인 도시락으로 재현하면서 한정식 전문점의 메뉴규성을 그대로 담아내 가성비와 만족도를 높였다. 1만원짜리 계절도시락에 흑미밥과 된장국, 연두부 샐러드, 2가지 전, 삼색나물, 장아찌, 조림과 무침, 김치 등 11가지 반찬을 담은 알찬 구성으로 한정식 반찬 못지 않는 퀄리티를 재현했다.

(2) 리김밥 쇼케이스 시스템

리김밥은 프리미엄 김밥의 개념을 지금까지의 브랜드와는 전혀 다른방식으로 풀어냈다. 주문 후 조리하는 슬로푸드를 지향했던 기존 브랜드와는 달리 패스트푸드 서비스 방식을 도입, '슬로푸드 김밥을 패스트푸드처럼 편리하게 즐긴다' 는 모토로 김밥 업계로는 최초의 쇼케이스 서비스를 선보였다. 방문 고객의 대다수가 테이크아웃 고객임을 감안해 테이크아웃에 중점을 둔 새로운 시스템을 도입한 것이다.

테이크아웃의 목적은 대개 빠르게 구입해 간단히 끼니를 해결하는 데 있다. 그들에게 김밥 한 줄을 사기 위해 주문에서 대기, 수령까지 긴 시간을 소요해야 하는 기존 프리미엄 김밥 매장은 효율성 면에서 득보다는 실이 크기 마련이다. 리김밥은 이러한 고객 심리에 주목했다. 홀의 좌석 수를 최소화하는 대신 그 자리를 쇼케이스로 대체하고, 고객이 매장을 들어서자마자 다양한 김밥을 눈으로 볼 수 있도록 매장을 설계했다. 기존 프리미엄 김밥의 상징이었던 김밥 조리대와 오픈주방을 과감히 없애고 조리 동선과 효율성을 최적화한 소위 백(Back)주방을 도입했다. 미리 만든 김밥이 딱딱해지거나 식지 않도록 온도와 습도 조절이 가능한 맞춤형 쇼케이스도 개발했다.

리김밥의 고객은 매장에 들어와 쇼케이스에서 맘에 드는 김밥을 골라 계산대로 가지고 가기만 하면 된다. 대기고객이 없을 경우 김밥 선택에서 수령까지 소요되는 시간은 1분이 채 안 된다. 또 서비스 직원은 카운터에서 고객이 고른 제품의 바코드를 찍어 계산한 뒤 포장만 해주면 된다. 편의점식 결제 방식으로 일일이 포스에서 해당 제품을 선택해 계산하는 번거로움마저 없앤 것이다. 리김밥의 쇼케이스 시스템은 로드숍뿐 아니라 대형 몰이나 백화점 등 특수상권에도 맞아 떨어져 센트럴시티와 하남 스타필드 등 특수매장에서는 오픈 직후부터 웨이팅이 생길 정도로 반응이 좋다.

(3) 테이크아웃의 고급화 · 차별화

반외식, 즉 포장과 테이크아웃으로 외식을 대신하는 인구가 지속적으로 증가하고 있다. 식품 · 외식업체 역시 이러한 트렌드에 맞춰 다양하고 실속 있는 포장 · 테이크아웃 메뉴를 앞다퉈 출시하는 모습이다. 같은 메뉴라도 좀 더 새롭게, 강력하게 어필하기 위한 차별화 포인트를 찾아내야 한다.

① **날로 고급화하는 도시락**: 도시락시장이 급성장하면서 편의점 도시락은 물론 기존 도시락 전문점들도 고객확보를 위해 품질향상에 사활을 걸었다. 즉, 도시락 업체들의 신메뉴 출시와 고급화 전략이 계속되고 있다.

본도시락은 지난 2016년 프리미엄 도시락 출시와 함께 패키지도 고급화했다. 밥그릇과 국그릇, 반찬그릇을 홈이 파인 트레이에 담아 한상차림 모양새를 연출, '명품 도시락'이라는 이름에 걸맞은 프리미엄을 담아낸 것이다. 집이 아닌 다른 장소에서 빠르게 식사를 해야 하는 구매고객 특성을 감안, 좁은 테이블에 여러 개의 반찬그릇을 늘어놓아야 하는 불편 없이 깔끔하게 먹고 바로 치울 수 있도록 했다. 프리미엄 도시락의 가격대는 1만3900~2만900원 이다.

② **직화로 끓여먹는 편의점 부대찌개**: 1인 가구 증가에 따라 편의점 간편식도 날로 다양화하고 있다. 흔히 '편도족(편의점 도시락을 이용하는 사람)' 은 데우지 않고 바로 먹거나 전자레인지에 데우기만 하면 바로 먹을 수 있는 즉석식을 선호할 것으로 예상되지만 꼭 그렇지만은 않은 듯하다.

지난 2015년 편의점 간편식 시장에서 가장 눈길을 끌었던 제품 중 하나는 GS25의 직화냄비 시리즈다. 포장용기에 소스와 물을 넣은 뒤 용기째 가스레인지에 간편하게 조리해 먹을 수 있는 제품으로 출시 직후 GS25 간편식 분야 1위에 오를 정도로 폭발적인 반응을 보였다. 즉석에서 끓여 먹는 따끈한 국물요리를 선호하는 한국인 특성에 맞춘 아이디어 상품으로, 평범한 메뉴지만 용기를 차별화해 전혀 새로운 제품으로 탄생시켰다. 이 직화냄비는 두께가 얇아 내용물이 빨리 끓으면서도 쉽게 구겨지거나 위어지지 않아 네티즌들 사이에서도 '편의점 제품 치고는 가성비가 뛰어나다' 는 평을 받고 있다. 나만의 직화부대찌개 레시피를 공유하는 네티즌도 있을 정도로 SNS상에서도 화제를 모았다.

③ 프리미엄 단체도시락을 리딩하다 본도시락: 기존 튀김류 위주의 저가 도시락과 차별화를 꾀한 〈본도시락〉은 한식 반찬 위주의 프리미엄 도시락을 선보이며, 지난해 본격적인 가맹 사업을 시작한 이래 130호 점을 돌파했을 정도로 큰 호응을 얻고 있다.

본도시락이 단체주문 시 가장 큰 호응을 얻고 있는 부분은 도시락이지만 정찬식의 느낌을 줄 수 있는 프리미엄 라인이 강하다는 점이다. 지난해 12월에는 고급 도시락에 대한 고객들의 니즈에 맞춰 고품격 도시락 라인으로 '수라'를 선보였다. 임금에게 올리는 '수라상'에서 착안해 최고급 요리를 도시락에 담아낸 수라는 3만 원~3만 원대 프리미엄 도시락으로 육원전을 비롯해 대하구이, 송이불고기, 연어구이, 장어구이, 전복초조림 등 한정식 메뉴로 구성됐다. 수라 도시락을 조찬 간담회나, 임직원 회의 등을 위한 단체도시락 주문건으로 호응이 높다.

단체주문과 관련한 통합주문 시스템 구축도 큰 호응을 얻고 있다. 도시락 업계 최초로 전국 콜센터를 오픈하며 대표번호를 통한 통합주문 시스템을 구축, 고객의 이용 편의성을 높였다.

영업지원의 경우 수도권 지역에 중앙주방시스템을 갖추고 반찬을 제공하여 소규모 매장에서도 쉽게 단체주문을 소화할 수 있도록 매장을 지원하고 있다. 본도시락 측은 기업체, 학교, 병원 등 다양한 곳에서 단체도시락 수요가 있는 편이며, 최근 대학교 OT, 각종 워크숍 및 세미나 등으로 단체 도시락 구매 및 문의가 증가하고 있다고 말한다.

④ **체계적인 매뉴얼로 따듯한 즉석도시락 제공의 호토모토**: 수제 도시락을 표방하는 〈호토모토〉도시락의 가장 큰 장점은 주문 즉시 조리해 제공한다는 점이다. 보통 단체주문의 경우 미리 만들어 놓는다는 단점이 있지만, 호토모토는 정해진 매뉴얼에 따라 최대한 따듯한 즉석도시락을 고객들이 맛볼 수 있도록 노력하고 있다.

즉석도시락이 가능한 것은 개당 조리시간 및 매뉴얼이 명확해 전반적인 시간추산이 정확하기 때문이다. 주문개수에 따라 투입인력, 조리시간 등을 추정해 주문량이 많은 경우에도 따듯한 도시락을 제공하고 있으며, 필요한 경우 단체주문에 익숙한 스태프가 컨트롤 해 더욱 빠른 조리와 제공이 가능하도록 하고 있다.

고객이 메뉴선택에 있어 막연하게 생각하는 부분을 배려해 전담 직원이 맞춤형 상담을 해주기도 한다. 이 상담을 통해 가격 및 메뉴 구성 조정이 가능하다. 특히 단체인원 구성, 가격, 모임의 성격 등에 맞춰 단체메뉴 컨설팅을 제공하는데 장소, 나이, 식사시간, 심지어 도시락을 배분해 줄 수 있는 사람이 있는지 까지 디테일하게 체크하는 것이 특징이다. 나눠주는 시간에 도시락이 식을 수도 있기 때문이라는 것이 관계자의 설명이다. 무엇보다 배송시간 준수는 호토모토가 단체주문에서 가장 중요하게 생각하는 요소다. 일본에서 수입해 사용하는 도시락 패키지 역시 눅눅해지지 않고 따듯함을 오래 유지할 수 있어 호응도가 높다.

호토모토는 한번 주문을 하면 반드시 재구매가 일어날 수 있도록 만족도를 높이는 것이 중요하다고 강조하거 실제로 호토모토는 90%의 재구매율을 보이고 있으며 단체주문과 관련해 맞춤 도시락 관련 브로서 등을 배포해 홍보하고 있다.

⑤ 단체주문, 가맹점주의 역량을 활용한 토마토도시락: 지난 2008년 론칭한 〈토마토도시락〉은 깔끔하면서도 고품질의 도시락을 선보이며 후발주자임에도 불구하고 안정적으로 시장진입에 성공한 브랜드다. 저렴한 가격대비 다양한 메뉴로 고객들의 입맛을 사로잡고 있다.

단체주문이 피크를 맞이하는 봄·가을 시즌에는 각각의 가맹점과 본사 모두 단체주문과 관련해 체계적인 준비를 하고 있다. 대략 2주 정도 전에 소진이 예상되는 물류를 파악해 발주 할 수 있도록 하는 방식이다.

토마토도시락의 경쟁력은 구성대비 착한 가격이다. 특히 샐러드, 수작반찬 등을 제공해 인스턴트 느낌이 아닌 든든한 가정식 식사로 인기를 끌고 있다. 일명 '그린 프로젝트'라는 이름으로 전략적으로 시행하고 있는 이 시스템은 도시락으로도 웰빙 식사를 할 수 있다는 인식을 고객에게 심어주는 것이 목적이다.

단체주문 도시락은 조리방식을 매뉴얼화 하는 것이 중요한데 토마토 도시락은 프라이, 볶음, 데우는 정도의 간편 조리를 통해 빠르게 제작할 수 있도록 원팩 시스템을 도입했다. 본사에서 80%이상 가공한 완성도 높은 식자재를 매장에 공급해 효율적인 매장 운영을 하고 있다.

토마토도시락은 향후 본격적인 배달시스템을 도입해 새로운 비즈니스 모델을 만들고 있다. 토마토 도시락은 집객력이 좋은 상권에 추가 매출증대를 일으킬 수 있는 시스템이 바로 배달임을 직시하고 점주가 직접 배달하는 방식을 권장하고 있으며 단체주문에도 시너지가 일어날 것으로 기대하고 있다.

IV

도시락 브랜드의 성공 전략 해부

1. 한솥도시락

우리나라 도시락을 대표하는 프랜차이즈 브랜드로 〈한솥도시락〉을 떠올리는 것은 어렵지 않다. 24년이 훌쩍 넘는 역사와 함께 가볍게 한 끼 먹을 수 있는 중저가의 가격은 지금까지 롱런할 수 있는 가장 큰 이유이기도 하다. 역사와 전통을 자랑하면서도 늘 발전하고 있는 〈한솥도시락〉은 지금까지도 앞으로도 고객과 점주에게 사랑받는 이유이다.

1) 25년의 역사를 가진 도시락 전문 브랜드

잘 알려진 것처럼 〈한솥도시락〉은 테이크아웃을 전문으로 하는 즉석도시락 전문 프랜차이즈 브랜드다. 3000원부터 시작되는 저렴한 가격부터 1만원대 가성비 좋은 고급 도시락까지 선택의 폭도 다양하다. 꾸준한 인기를 얻었던 〈한솥도시락〉의 시작은 24여년 전으로 거슬러 올라간다. 1993년 7월에 창업주 회장이 종로구청 앞에서 26㎡ (약 8평) 정도의 작은 매장으로 1호점을 시작했다. 당시 일본 도시락 프랜차이즈 브랜드를 벤치마킹한 것이었는데, 3년동안 치밀한 준비 끝에 오픈했다. 이후 철저한 교육을 받은 직원들과 함께 지금의 〈한솥도시락〉을 만들 수 있었다.

오픈 초창기부터 높은 인기를 얻었던 〈한솥도시락〉은 다음 해부터 가맹점이 매년 50~60개씩 꾸준히 늘어났다. 가맹점 모집광고는 2009년부터였으니 모두 입소문을 듣고 찾아와 오픈한 것이다. 브랜드가 자리를 잡고 수요도 꾸준히 늘어나면서 지금은 690여개의 가맹점을 운영하고 있으며, 매출액이 1000억원 대에 이를 정도로 불황 속에서도 꾸준히 성장하고 있다.

2) 배달 No, 테이크아웃 Yes!

〈한솥도시락〉은 지금까지 배달을 하지 않고 있다. 30개 이상 사전 예약을 하는 경우를 제외하면 배달을 하는 매장은 없다. 그 이유는 원가의 비중을 낮추기 위해서다. 배달을 하지 않으면, 20% 싸게 판매할 수 있다. 조리 매뉴얼과 세팅 매뉴얼을 과학적으로 완성했기 때문에 각 도시락의 원가율을 합리적으로 맞출 수 있었고, 그래서 저렴하게 판매할 수 있다. 당시만 해도 테이크아웃은 획기적이었지만 이제는 일반화되어 도시락은 테이크아웃이 당연시될 정도다. 비용 절감을 위해 시작한 테이크아웃이지만, 시장에서 선도자가 되었던 셈이다.

이렇게 가맹점의 안정적인 수익을 보장하고 높은 가성비로 소비자의 만족도가 높으니 브랜드가 꾸준한 인기를 얻는 것은 당연했다. 고객 만족을 위해 가장 중요한 것은 저렴하고 맛있으며 건강에 좋아야 한다는 것이 최우선이었다. 〈한솥도시락〉은 창업 초기부터 이를 위해 편의점 도시락이 아닌 '즉석도시락'을 만들 수 있었다. 식자재는 철저한 품질관리를 거치고 있으며, 현재는 쌀알이 굵고 식감이 좋은 '신동진' 단일품종 쌀로 한솥도시락용 '한솥무세미'를 출시했다. 2018년부터는 강화도에서 전량 계약 재배한 햅쌀을 가맹점에 공급해서 고객들에게 더 맛있고 건강한 도시락을 제공할 계획이다.

3) 점주와 소비자에게 가성비 높은 브랜드

5~10년 이상 장수하는 가맹점주들이 많다는 점에서 〈한솥도시락〉은 안정적인 운영이 가능하다는 것을 알 수 있다. 하지만 외식업종이기 때문에 다른 업종에 비해 힘이 드는 것도 사실이다. 업체 관계자는 도시락이기는 해도 외식업이다 보니 카페 업종보다는 다소 힘이 드는 게 사실이다. 하지만 흔히 생각하는 치킨집, 호프집, 일반식당 등보다는 일이 수월한 편이다. 열심히 일한 만큼 보상을 받을

수 있으니 〈한솥도시락〉은 메뉴뿐만 아니라 점주에게도 가성비 높은 브랜드이다. 매년 성장하고 있는 브랜드답게 2016년 출시된 신메뉴들도 인기가 높다. 특히 시즌별로 선보이고 있는 세계 음식 시리즈는 고객에게도 좋은 반응을 얻고 있다. 각국의 전통음식, 즉 에스닉 푸드를 우리나라 사람들의 취향에 맞게 한솥 스타일로 재해석한 것이다.

〈한솥도시락〉 기업이념은 '따끈한 도시락으로 지역 사회에 공헌한다' 로, 대중으로부터 사랑받는 국민 브랜드가 되는 것이 궁극적인 목표다. 이를 위해 〈스타벅스〉를 즐기는 것처럼 〈한솥도시락〉을 가볍게 즐길 수 있는 친숙한 브랜드가 될 수 있도록 노력하고 있으며, 2017년부터는 해외진출도 본격적으로 시도하고 있다. 그리고 2030년대에는 전세계에 2만여개의 점포를 오픈해 세계 사회 그리고 세계 사람들로부터 사랑받는 글로벌 브랜드가 되겠다는 목표를 가지고 있다.

브랜드 론칭은 1993년 7월 7일에 했으며, 현재 매장 수는 690개(2016년기준)이다. 대표메뉴는 치킨마요(2700원), 빅치킨마요(3300원), 동백(5000원), 돈까스도련님(3600원), 진달래(7000원)이다. 인테리어 컨셉은 모던, 따뜻함, 정겨움, 신선함을 느낄 수 있으며 쾌적하고 청결한 위생관념을 철저히 하는 주방. Take-out, Eat-in이 편리한 인테리어와 좌석분위기를 연출한다.

가맹점의 안정적인 수익을 위해 월평균 5%선의 안정적인 수익구조로 1억2000만원 투자 시 월 600만원 내외의 순이익이 가능(상권에 따라 상이)하도록 지원하고 있다. 또한 맞춤형 매장의 운영을 위해 점포규모와 상권특성에 따라 다양한 콘셉트로 운영할 수 있어 매출효과를 극대화하고 있으며 엔젤가맹점제도를 활용해 수수료 납입방식을 채택하고 있다. 더불어 최근에는 한솥 도시락에서는 '엔젤가맹점제도'를 실시하고 있다. 이는 본부가 매장 임차 및 시설에 투자하고 가맹점주는 매월 수수료를 납입하는 방식이어서 약 5000만원의 적은 자본과 적은 리스크로 창업할 수 있다.

4) 브랜드 특징 및 영업전략

도시락은 소풍 갈 때 먹는 음식 혹은 시간이 없을 때 대충 때우는 음식으로 생각하는 경향이 짙었다. 그러나 이제는 집에서도 자주 즐기고 먹는 음식으로 인식이 바뀌었다. 혼자 사는 1인 가구에겐 장을 보고 밥을 짓고 반찬을 만드는 과정이 귀찮게 느껴지기 때문이다.

또한 합리적인 가격에 높은 품질·다양한 메뉴·웰빙 콘셉트를 원하는 소비자의 니즈가 다양해지고 있다. 국내도시락 선두주자인 〈한솥도시락〉은 24년의 노하우와 신뢰를 바탕으로 가맹점과 매출을 확대시키고, 사회 환원차원에서 봉사활동도 적극적으로 실시하고 있는 이유도 바로 여기에 있다.

1993년 7월 종로에서 시작한 〈한솥도시락〉은 2017년 24년을 맞이한 국내 최초 테이크아웃 도시락 전문브랜드다. 고객과 가맹점주, 협력사와 지역사회의 상생을 기반으로 하는 원칙 고수로 IMF때는 물론 최근 지속되고 있는 외식업계 불황과 불안정한 국내 경제 상황 속에서도 성장 그래프를 그리고 있다.

24년 역사 속에서 변화와 혁신을 지속해 오고 있는 1993년 7월 서울 종로구청 앞에서 첫 매장을 시작한 〈한솥도시락〉은 2017년 24년 된 국내 최초 테이크아웃 도시락 전문 브랜드다. 최근 몇 년 동안 지속되고 있는 외식업계 불황과 불안정한 국내 경제 상황 속에서도 지속적인 성장을 해오고 있다. 2016년 9월에는 10여 년 동안 준비해 온 향후 20년을 위한 혁신의 일환으로 '후레쉬(F.R.E.S.H.) 한솥' 프로젝트를 시작했다. 후레쉬(F.R.E.S.H.)는 친근한(Freindly) · 신선한(Refresh) · 즐거운(Enjoy) · 안전(Safe) · 정직한(Honesty)이라는 뜻으로 철저한 고객 지상주의 문화 추구를 상징한다. 후레쉬 한솥으로 전환한 이후 도시락 패키지와 메뉴 구성부터 운영과 서비스 프로세스 md 단계별로 개선해 2015년 1월에는 전년 대비 20%이상 성장이라는 결과를 보이며 약진을 거듭하고 있다.

㈜한솥 본사에서는 매주 화요일 '도시락데이'로 지정해 대표이사를 포함한 전사 임직원들은 이날 점심으로 도시락을 먹는다. 한솥도시락은 물론 경쟁사 도시락도 먹으며 자사와 타사의 경쟁력을 확인하고 개선점을 즉시 실행하고 있다. 현재에 안주하지 않고 지속적인 관리와 업그레이드된 변화가 우연의 산물이 아님을 알게 하는 부분이다.

㈜한솥은 가맹점 운영에 있어 '고객에게 가격대비 만족도가 높은 메뉴 제공'이라는 가장 단순한 논리를 반영하여 꾸준히 지켜나가고 있다. 암반수로 씻어낸 오뚜기 무세미와 100%국내산 김치 등 프랜차이즈 본사로서 규모의 경제가 반영된 구매력으로 좋은 식자재를 저렴하게 구입하여 가맹점에 제공한다. 20년 이상 쌓아온 노하우로 만든 체계화된 운영 및 조리 매뉴얼을 통해 예비 가맹점주들은 외식업에 대한 전문적인 지식이나 경험이 없어도 매장 규모별 최적화된 인력 구성과 공장구성, 고객 만족도를 높일 수 있는 아이템으로 무장하고 있다.

지금도 한솥도시락은 2700원부터 1만원까지 다양한 가격대의 도시락 메뉴로 어린이들부터 중장년층에 이르기까지 폭넓은 고객층을 확보하고 있다.

한솥도시락은 개별 도시락 배달은 하지 않는다. 배달을 할 경우 단기간 내 매출이 높아질 수 있으나 고객 접점에서 서비스할 수 없어 초심을 읽기 쉽고, 초심을 잃으면 절대 장수할 수 없다는 이영덕 대표이사의 깊은 속뜻이 반영된 방침이다.

한솥도시락은 직·가맹점 수가 650개다. 24년이 된 브랜드라는 점에 비춰볼 때 가맹점 숫자에 고개를 갸우뚱하는 사람들이 많다. 그러나 그 배경에는 '점주 행복주의'를 우선시하는 본사의 운영 방침이 있다. 철저한 상권분석을 통한 예비 가맹점주의 행복지수를 평가해 일정 기준에 미치지 못할 경우 신규 오픈을 승인하지 않기 때문이다.

창업 이래 24년이 넘도록 지금까지도 신규가맹점주 교육은 대표이사가 직접 할 만큼 그의 열정 역시 업계에서 이미 소문나 있을 정도다. 최근 한솥도시락에서는 '엔젤가맹점제도'를 실시하고 있다. 이는 본부가 매장 임차 및 시설 투자를 하면 가맹점주는 수수료를 매월 납입하는 방식으로 약 5000만 원의 자본으로 창업할 수 있는 제도다.

계속되는 불황과 1인 가구의 증가로 도시락 시장이 급성장하면서 외식업계는 물론 평의점 등 유통가도 도시락 전쟁에 뛰어든 지 오래다. 신생 외식브랜드의 등장 및 전국 4만여 개 편의점의 거센 도전

속에서도 전년대비 가맹점 매출 15%상승이라는 우수한 성적으로 도시락 업계 1위를 고수하고 있는 한솥도시락의 경쟁력을 살펴보면 총 680곳 중 5년 이상 운영하고 있는 매장이 347곳으로 1993년 7월, 국내 최초의 테이크아웃 도시락 브랜드로 이름을 알리기 시작한 〈한솥도시락〉은 도시락 관련 프랜차이즈 중에서도 가장 대중적이면서 인지도 높은 브랜드다. '도련님 도시락', '치킨마요' 등 이름을 들으면 누구나 알 만큼 유명한 도시락 제품들도 보유하고 있다.

〈한솥도시락〉의 최대 강점은 오랜 역사, 경험을 통해 구축한 안정적인 프랜차이즈 시스템, 가맹본사의 신용평가등급이 A+로 안정적인 것은 물론, 한 해 동안 수백 개의 프랜차이즈 브랜드가 명멸하는 가운데에서도 지난 24년간 도시락 관련업계의 NO.1자리를 지켜왔다. 이는 가맹점주와 예비 창업자들에게 안정감을 느끼게 하는 주요 요인으로 작용하고 있기도 하다.

또한 본사 운영방침이 각 가맹점 매출과 수익을 극대화하는 방향으로 수립, 시행되고 있기 때문에 총 점포 수 680곳(2016년 1월 기준)중 5년 이상 운영한 가맹점이 347곳(52.5%), 10년 이상 운영한 가맹점도 221곳(32.6%)에 이른다. 외식업계의 급격한 트렌드 변화, 장기적인 경제 불황에 있어서도 일정 수준 이상의 안정적 운영이 가능하다는 걸 보여준다.

㈜한솔은 가맹점 입점 단계에서부터 3단계의 승인절차를 거치는데, 즉(주)한솔 본사의 개발자와 개발본부장, 그리고 대표이사의 승인을 통해 좀 더 안정적이면서도 검증된 상권에만 출점하게 된다. 이는 〈한솔도시락〉의 각 가맹점 매출을 일정하게 유지시키기 위한 본사의 노력 중 하나일 뿐만 아니라 비수기인 1월,8월엔 가맹점에 들어가는 식자재와 용기 포장재 등을 할인 공급하여 운영비용 부담은 줄이는 동시에 가맹점주의 이익은 극대화하는 방향으로 시스템이 운용되고 있다.

'퀄리티 높은 식재료의 공급'은 최근 〈한솔도시락〉이 주력하고 있는 또 다른 부분, 각 재료의 원산지와 생산자, 생산과정 등을 투명하게 공개하는 농산물 실명제를 도입해 소비자들의 신뢰도를 높이고 있다. 게다가 지난 2016년 3월에는 고품질 '신동진' 품종의 쌀을 씻지 않아도 되는 무세미 형태로 일괄 공급, 도시락 퀄리티를 올리는 것은 물론 각 가맹점의 운영 효율성까지 확보한 바 있다. 〈한솔도시락〉은 이 외에도 동원홈푸드, 아워홈, 사조, 오뚜기 등에서 고품질의 식자재를 안정적으로 공급받고 있으며 100%국내산 김치 사용, 계약재배를 통한 산지직거래 등 도시락 품질을 끌어올리는 데에도 많은 노력을 기울이고 있다.

현재 〈한솔도시락〉은 총 70여 가지의 메뉴(각 2000원~1만2000원)

를 마련하고 있으며 음료와 커피, 미니 반찬 등 매장 내에서 고객들의 추가구매를 유도할 수 있는 아이템 또한 갖추고 있다. 〈한솥도시락〉의 우수매장인 '행신서정마을점'의 경우, 39.66m^2(12평) 규모에 월 평균매출은 3000만원 내외이다.

2. 토마토도시락

〈토마토도시락〉은 고객맞춤형 도시락으로 지지기반을 다져왔다. 기본적인 도시락 반찬 메뉴에 다양한 조합을 시도해 맛의 다양화를 꾀했다. 대학생과 젊은 층에게는 '풍부한 양'을 자랑하는 도시락으로 각인시켰다. 그리고 토마토라는 건강식품의 이미지를 브랜드에 적용시킨 부분도 유효한 마케팅 전략이었다.

1) 돋보이는 섬세한 도시락

(주)다채원은 〈토마토도시락〉 사업전략으로 20251000100 캠페인을 실시했다. 2025년까지 가맹점 1000호점을 오픈하고, 가맹점 일 매출 100만원을 목표로 한 것이다. 이를 가능하게 하도록 본사가 마

케팅과 신 메뉴 개발을 지원했다. 오픈 점포는 본사 인력이 직접 방문해 운영을 돕고, 전단지 홍보를 돕는 등 오픈 한 점포가 자리를 잡기까지 본사 차원에서 적극적으로 돕는 행사를 했다.

〈토마토도시락〉은 본사교육은 2주 동안 진행되며, 초보창업자도 주방과 점포 운영 기본기를 손쉽게 익힐 수 있다. 오픈 이후에도 부족한 부분이 있으면 추가교육을 요청할 수 있다. 〈토마토도시락〉은 가맹점주 대부분이 생계형 창업이다.

이곳 대표의 성공 지원을 위한 TIP으로 어떠한 일을 선택했을 때는 반드시 어려움과 고난이 있기 마련이다. 수도 없이 넘어져도 이 과정들은 내가 다져지기 위해, 성숙되기 위한 과정이라 믿고 끝까지 포기하지 말아야 한다. 또한 목표와 가는 방향만 뚜렷하다면, 오는 시련을 이겨낼 수 있다. 이 대표는 본인 또한 목표 설정이 뚜렷할 뿐만 아니라 직원들에게도 항상 정확한 목표와 비전을 제시해주며 그 일에 대한 정당성을 함께 고민한다.

현재 주력 Hot Menu는 고삼도시락(골드)로 월별, 계절별로 반찬이 바뀌는 도시락으로, 반찬의 종류와 양을 선택할 수 있어 좋은 반응을 얻고 있다. 고등학교 3학년이 먹을 정도로 엄마의 정성이 가득 담겨 있다는 재미있는 네이밍으로, 제육볶음, 불고기 외에 두툼한 돈가스가 있어 든든하게 먹고 힘을 낼 수 있는 도시락이다.

그밖에 Hot Concept으로는 간편 시리즈부터 프리미엄 시리즈까지 다양한 메뉴와 완제품과 원팩 시스템으로 편리하고 빠른 조리 및 토도리 등 캐릭터를 활용한 효율적인 마케팅에 있다.

2) 100년 기업의 예감이 성큼 다가오다

학창시절 필수품 가운데 하나였던 도시락. 무엇보다 쉬는 시간 '까먹던' 도시락은 별미 중에 별미였다. 반면 매일 아침 반찬에 대한 고뇌로 주름이 늘어가던 어머니는 '도시락에서 해방' 되기만을 기다렸다. 최근 들어서는 급식문화의 발달로 그러한 추억은 담기 어려워졌다. 하지만 그 때 그 맛을 재현해 내는 도시락전문점이 추억의 빈자리를 채우고 있다. 특히 높아진 소자본창업의 수요와 풍성하고 저렴한 한 끼 식사를 원하는 소비자들의 욕구를 동시에 충족시키는 최적의 아이템으로 각광받고 있다. 그 가운데 〈토마토도시락〉은 지난 2008년 7월 후발주자로 시작, 불과 5년 만에 한국프랜차이즈대상 지식경제부장관 표창장을 수상할 만큼 그 위상이 날로 높아지고 있다.

최근 몇 년간 프랜차이즈 산업은 가히 눈부신 성장을 이뤄냈다. 과거 득세하던 이른바 사기꾼도 자취를 감추었다. 다행히 예비창업자들은 이제 프랜차이즈로 사기 당할 염려를 하기 보다는 내실이 잘 갖추어져 있는 브랜드를 선별해야 할 때가 된 것이다. 하지만 등록 업체 기준으로 프랜차이즈 브랜드는 3000여개에 달하고 있어 일반 예비창업자로서는 옥석을 가리기가 쉽지 않다.

〈토마토도시락〉은 최근 이어지는 불황에 맞서 공격적인 투자에 나섰다. 대표적으로 'CS아카데미' 설립을 꼽을 수 있다. 이름에서 나타나듯 교육시스템의 정비에 나선 셈. 〈토마토도시락〉은 기존가맹점의 문제점 해결과 경쟁력 강화, 그리고 예비창업자들의 보다 안정적인 정착을 위해 'CS아카데미'를 설립했다.

기존의 본부 시스템을 체계적으로 메뉴얼화 했다. 기존 〈토마토도시락〉의 아이템 교육에 국한되었던 교육을 시스템을 보다 구체화 했다는 설명이다. 특히 전반적인 프랜차이즈 시스템에 대한 교육을 통해 가맹점을 오픈하기 이전에 프랜차이즈에 대한 전반적인 지적 수준을 향상시키는데 주안점을 두었고 궁극적인 목표는 브랜드 가치 상승이다.

회사는 CEO의 경영철학이 성패를 좌우하는 경향이 짙다. 〈토마토도시락〉의 대표는 이미 업계에서 과감한 결단력과 부드러운 카리스마를 갖춘 여걸로 통한다. 최근 〈토마토도시락〉의 공격적인 행보 역시 그의 결단에서 이뤄졌다. 이는 곧 기존 가맹점주는 물론 예비창업자에게도 보다 큰 신뢰를 받는 계기가 됐다. 최근에 열린 '제 13회 한국프랜차이즈대상'에서 지식경제부장관 표창을 수상한 것도 크게 한몫 했다. 경제 불황에 움츠린 대다수의 회사가 보수 경영에 나서는 가운데 반대로 과감한 투자를 거행함으로써 기존 가맹점주들이 느끼는 신뢰와 안정감은 남다르다. 특히 과거 한차례 큰 위기를 극복해낸 경험과 노하우가 바탕이 있어 창업설명회에 참석한 예비창업자들 역시 줄이어 좋은 평가와 신뢰를 보이고 있다.

즉 시장이 커짐에 따라 도시락시장 경쟁이 심화되고 있기 때문에 본사는 물론 가맹점을 위해서도 브랜드 가치 향상은 더욱 절실하다. 그것을 이루기 위한 발판이 바로 'CS아카데미'임을 강조한다.

㈜다채원은 기존 〈토마토도시락〉 가맹점주와 예비창업자를 위한 히든카드를 공개했다. 새로이 개원한 'CS아카데미' 교육장에는 신규 오픈 가맹점에 3개월간 지원한다는 뜻을 담아 '미쳐보자 OPEN 3개월!'이란 슬로건을 내걸었다.

우선 기존 가맹점을 위해서는 객단가를 높일 수 있는 신규 아이템을 개발해 새로운 영업 전략을 펼칠 수 있게 했다. 그리고 예비창업자를 위해서 다양한 상권에 접근이 가능한 새로운 유형의 〈토마토도시락〉을 선보인 것이다. 최소비용으로 최대의 효과를 낼 수 있는 신규 모델은 도시락 시장에서 새로운 바람을 불러 왔다. 〈토마토도시락)에서 자문 역할을 맡고 있는 '한국경영연구원' 이사는 성공적인 투자가 되었으며 장장 반년에 걸쳐 경쟁사와 시장 조사, 그리고 내실 강화 작업도 끝냈다.

도시락은 '스테디셀러'라는 표현이 가장 어울리는 아이템 가운데 하나다. 성수기와 비수기 매출 차이가 크지 않고 불경기에 강해 쉽사리 무너지지 않는다. 특히 단체주문 수요와 홀 고객은 물론 테이크아웃을 병행할 수 있다는 점 등 다양한 요소가 운영에 효율성을 높이고 있다. 또한 소수의 인원으로 운영이 가능하기 때문에 소자본 창업 브랜드로 적격이다.

3) 희망을 현실로

소자본창업에 대한 정의는 '희망'이다. 즉, 〈토마토도시락〉을 통해 예비창업자들이 희망을 가지고 선택한다. 실제 그러한 희망을 품고 〈토마토도시락〉을 선택한 가맹점들 가운데 현실로 나타난 경우가 80%가 훌쩍 넘는다. 달리 말해 1억원 이하의 비용으로 성공적인 정착을 이룬 가맹점이 그만큼 많다는 뜻이다. 프랜차이즈 업계 전체에 걸쳐 소자본창업을 통해 정착에 성공한 비율이 20~30%에 불과하다는 사실을 비추어보면 그야말로 경이적인 사실이다.

안정적인 창업의 승패 요인은 창업자의 노력에 의해 희비가 엇갈리게 된다. 그러나 소자본창업의 경우 과열 경쟁으로 인해 소위 '간판갈이'를 통한 아이템 변경으로 상황을 타개하려는 경우가 많다. 아이템에 대한 지속성은 한계가 있다. 점포나 브랜드의 분명한 경쟁력 가운데 하나는 인테리어다. 이러한 부분을 무시한다면 아무리 좋은 아이템이라 해도 완성도는 떨어진다.

'흙 속의 진주' 같은 알찬 브랜드를 위해 〈토마토도시락〉은 냉정히 말해 전국적으로 저명한 도시락브랜드는 아니다. 그러나 국내 최고의 브랜드와 맞붙어 입점해도 결코 뒤처지지 않는다. 도리어 최근 몇 년은 〈토마토도시락〉이 업계를 선도했다 해도 무방할 정도로 그 위상이 만만찮다. 테이크아웃에 집중해 점포 인테리어나 운영에 대한 서비스는 뒷전이던 도시락업계를 송두리째 바꾸어 놓았기 때문이다. 수도권 대학가에 〈토마토도시락〉을 오픈한 가맹점주는 기존에 영업중이던 경쟁브랜드는 우리가 들어온 후 주인이 바뀌고 리모델링을 하였다. 표면적으로 최고는 아닐지언정 그만큼 알찬 브랜드라는 방증이다. 이처럼 〈토마토도시락〉이 업계를 대표하는 유망 소자본창업 브랜드로 자리 잡은 비결은 무엇일까. 아이템에 대한 경쟁력과 투자대비 수익성이다. 도시락은 이미 선발 브랜드나 선진국 사례를 비춰보더라도 성숙한 창업 아이템. 즉, 국내시장이 일본 프랜차이즈

역사와 유사한 길을 걷고 있기에 도시락 아이템은 앞으로 더욱 커질 것이다.

또한 간편한 운영, 안정적인 수익을 기대하기 위해 소자본창업의 적정한 투자금액에 대해 33m²(10평) 규모 매장에 1억원 전후이다. 〈토마토도시락〉을 찾는 예비창업자들 역시 비슷한 생각이다. 또한 대부분 부부창업을 통해 가계 순수익이 꾸준하게 500~600만원 정도를 기록하기를 희망 한다. 특히 부부창업일수록 원하는 수익을 얻어갈 가능성이 높기 때문에 가맹점주 선별 기준에 우선순위를 두고 있다. 그러나 분명한 것은 누구라도 본인의 노력 없이 소위 대박만을 꿈꾼다면 금세 지쳐 실패하기 마련이다. 기본적인 생각이 건전하고 열정을 겸비한 예비창업자를 선호한다는 의미이다.

〈토마토도시락〉은 갈수록 치열해지고 있는 소자본창업 시장에서 보다 경쟁력을 갖춘 아이템으로 성장하기 위해 다양한 메뉴개발 및 가맹점 교육프로그램을 기획 중이다. 최근에는 업계 최초로 지상파 TV CF를 송출했을 정도로 공격적인 마케팅도 서슴지 않고 있다. 이 같은 본사의 노력에 대한 가맹점주들의 반응도 호의적이다. 인테리어나 로고가 바뀌었더라도 일절 강제하지 않는 점에 호평일색이다. 본사 역시 모든 가맹점주들이 행복해 졌으면 좋겠다며 간편한 운영과 안정적인 수익이 기대되는 아이템임을 자신한다.

4) 브랜드 특징 및 영업전략

이곳 대표는 10대 후반부터 무엇을 하고 살아야하는지, 어떻게 하면 잘 살 수 있을지를 고민했다. 딸 부잣집에서 막내로 자라났지만, 누구보다 독립심이 강했던 그는 어린 나이부터 생계에 대한 고민을 진지하게 할 만큼 성숙한 부분이 있었다. 17살 때부터 시작한 의상 공부를 3~4년 정도 하는 동안 이 길이 내 길이 아니라는 것을 깨닫고 형부가 운영하는 식품제조업에 취업을 하게 되면서 인생의 방향이 바뀌게 된다. 말단 직원으로 시작하면서 알음알음 알게 된 외식사업의 지식과 전문가의 조언으로 자연스레 프랜차이즈 사업가의 꿈을 키울 수 있었던 것이다.

대표의 좌우명은 '선택한 것에 대해서는 후회하지 말자' 이다. 선택한 것에는 뒤돌아보지 않고 죽을힘을 다해 최선을 다하는 편이다. 잘 몰랐기 때문에 열정 하나로 무모하게 도전할 수 있었고 하나의 목표만 보고 달려갈 수 있었다. 초창기에는 3년 동안 매일 세 시간씩 잠을 자며 일을 했던 시간도 있었다. 그때는 모든 것이 처음이었기 때문에 현장체험부터 시스템 정비, 직원 관리 등 전반적인 업무를 익히고 배워야 할 것들이 너무 많았기 때문이다.

국내 도시락전문점의 한계를 탈피하기 위해, 차별화된 도시락 전문점이 되기 위해 각고의 정성과 노력으로 일궈낸 사업이기에 브랜드의 성장과 발전에 대한 그의 열정과 책임감은 더 클 수밖에 없다.

(1) 경청하고 받아들이는 속에 얻은 인생수업

오픈당시 여성 CEO가 귀했던 시절이었기에 젊디젊은 여성이 프랜차이즈 사업을 하는 것에 대해 삐딱한 시선으로 바라보는 사람들도 꽤 있었지만 오직 한 목표만을 보고 열심히, 옹골차게 걸어왔다. 그리고 여성이기 때문에 메리트가 되는 부분을 잘 이용하는 센스도 발휘했다. 여성 특유의 섬세함으로 디테일한 일처리에 더 능숙할 뿐만 아니라 의상을 해온 이력이 도시락 색감이나 인테리어 디자인에도 잘 쓰일 수 있었다.

물론 여성들이 약한 감정적인 부분에서는 많은 시행착오 과정 끝에 다스려지고 다듬어져 그만의 요령과 노하우도 생겼다. 사업을 일궈나가는 과정 속에 인생 공부도 톡톡히 치렀던 것이다.

이제껏 나름대로 열심히 그리고 올바르게 살아왔다. 그런데 현장에서, 또 직원과 가맹점주와 의견을 교류하고 공유하는 간담회 등에서 가치기존과 생각이 완전히 뒤바뀐 것이다. 그리고 쓴 소리를 받아들이는 것이 처음엔 힘들었지만, 내 틀을 깨고 숙이고 경청하는 과정에서 정말 커다란 인생수업을 배웠고 그것이 지금은 큰 자산으로 남았다.

그리고 이 과정에서 결혼한 남편의 조언과 울타리는 지금 이 자리에 서 있을 수 있는 든든한 버팀목이 되기에 충분했다. 사업을 병행하는데 결혼이 족쇄가 아니라 필요조건이자 충분조건이며 내적 에너지를 끌어주는 원동력이었다.

(2) 책임감과 사명감, 그가 올곧게 갈 수 있는 이유

〈토마토도시락〉의 중장기 비전은 '251000100'이다. 2025년까지 가맹점 1000호점 개설과 전 가맹점 1일 평균매출 100만원을 목표로 모든 경영전략을 세워나간다는 비전을 갖고 있다. 대표가 이렇듯 뚜렷한 목표로 일에 매진하는 이유는 단순히 돈이나 개인적인 명성을 누리고자 함이 아니다. 생계가 달려있는 가맹점에 대한 책임감과 사명감이 그녀가 몸을 사리지 않고 이제껏 죽을힘을 다해 달려온 이유이자 원동력이다.

처음에는 사업을 하고자 하는 열정으로 시작했다. 그러나 현장에서, 그리고 사업을 직접 끌어오면서 프랜차이즈 사업이 가맹점주 가족들의 인생과 생계가 달려있다는 사실을 뼈저리게 느끼게 된 것이다. 그 부담감과 책임감이 너무 무거워 어깨를 짓누를 때도 있었지만 실현하고자 하는 가치, 나눔 경영을 꼭 이루고 싶었던 것이 본사와 가맹점이 함께 살기 위해, 그리고 편리한 식문화로 많은 고객에게 행복을 주기 위해 최선을 다하며 계속 나아가는 것이 본분이 된 것이다.

직원을 자신의 가족처럼 아끼는 마음, 어쩌면 여성만의 강점인 모성애가 있어 더욱더 그 마음이 빛을 발할지도 모른다. 겉으로는 직원들에게 말을 단호하게 하지만 정이 많아, 마음이 약해지는 것이 여자라서 딜레마라는 생각이 들 때도 있지만 옳은 일을 택하고 그것을 행하는 것에는 후회하지도, 주저하지도 않는다. 그리고 2018년을 본사 혁신의 해로 정하고 나눔경영, 경영혁신, 역량강화, 연구개발이라는 뚜렷한 목표를 갖고 나아가고 있다.

(3) 날마다 펼쳐지는 진수성찬 〈토마토도시락〉

컵밥부터 프리미엄 메뉴까지 다양한 메뉴를 자랑하는 〈토마토도시락〉은 상큼한 인테리어와 브랜드 이미지로 젊은 고객들에게 어필하고 있다. 한눈에 들어오는 빨간색의 브랜드 컬러 그리고 톡톡 튀는 캐릭터 도토리까지, 맛있는 메뉴 못지않게 감각적인 브랜드 이미지를 갖추고 있는 〈토마토도시락〉은 1인 가구가 늘어가면서 더 사랑받고 있다.

① **열정으로 시작한 브랜드**: 〈토마토도시락〉은 잘 알려진 다른 도시락 브랜드보다 훨씬 늦은 2008년에 론칭 됐다. 그러나 지금까지 130여개의 가맹점을 오픈하고 운영하면서 다른 어떤 브랜드보다 꾸준히 그리고 안정적으로 성장하고 있다. 발전의 배경에는 대표의 시장 보는 눈이 있었기 때문이라고 할 수 있다.

도시락 업계가 발전하던 초기에는 빨리 간단히 한 끼 먹을 수 있다는 개념이었다. 하지만 도시락 시장이 점점 더 커지고 편의점까지 도시락 판매를 하게 되었다. 그래서 저희도 이러한 시장의 흐름에 발맞추기 위해 작년부터 제철 식재료를 이용한 사계절 반찬을 출시해서 좋은 반응을 얻고 있다.

이 대표는 전공도 경험도 도시락과는 관련이 없었지만 누구보다도 관심이 많았다. 해외를 여행하면서 각국의 도시락과 우리나라의 도시락을 비교하기도 했고, 여러 브랜드들을 벤치마킹하면서 2년을 준비했다. 그 결과 지금의 〈토마토도시락〉이 탄생했고, 수많은 시행착오를 거치면서 지금의 모습을 갖출 수 있었다. 그 문제가 생기면 새로 매뉴얼화해 해결하는 과정을 거치면서 개선해 나갔다. 그리고 1년 반 정도 되는 가맹문의가 들어오면서 조금씩 알려질 수 있었다.

② **브랜드 로열티를 높이는 다양한 콘텐츠:** 테이크아웃 위주로 판매하기 때문에 작은 부분에도 신경을 쓴 섬세함이 돋보이는 것도 〈토마토도시락〉의 장점 중 하나다. 전자레인지에 바로 데울 수 있는 재질로 용기를 만들고 있으며, 사각형, 원형 등 다양한 형태로 ㅁ나들어 편리하게 이용할 수 있도록 했다.

또 비용과 노력이 많이 드는 캐릭터 '도토리'를 직접 개발하고 콘텐츠를 제공해 다양한 이벤트를 열고 있다. 최근에는 겨울 시즌을 맞이해 제품을 구매하고 메뉴 사진을 찍어 인스타그램에 올리면 전원에게 대리와퍼세트 기프티콘을 제공하는 이벤트도 진행 중이다. 또 SNS에 웹툰 형태로 콘텐츠를 제공해 대학생들에게도 좋은 반응을 얻으면서 브랜드 로열티를 높이고 있다. 이는 매출의 증가로 이어지기 때문에 고객만큼 점주들의 반응도 좋을 수밖에 없다.

〈토마토도시락〉은 소형 창업이 대부분인 데다가 여성 그리고 부부 창업이 전체의 90%를 차지하기 때문에 효율적인 운영시스템을 구축했다. 주문하는 곳과 주방을 일체화함으로써 빠르고 간편하게 운영할 수 있으며, 분리수거함을 통해 인건비를 최소화 하고 있다.

또 냉동 완제품의 원팩 시스템을 구비하고 있기 때문에 조리 또는 요리 능력이 필요하지 않아 교육 기간이 짧다는 장점도 가지고 있다. 완제품과 원팩으로 인해 재료 로스율이 매우 낮기 때문에 점주들의 수익률이 높아질 수 있다. 주방장이나 직원 없이 운영할 수 있고, 처음 창업을 하는 예비 가맹점주들도 어렵지 않게 할 수 있으니 프랜차이즈 시스템을 가장 잘 살린 셈이다.

도시락은 편리한 시스템을 가지고 있지만 누구나 성공할 수 있는 것은 아니라며 가맹점주로서, 매장을 책임지는 대표로서의 마음가짐도 중시한다. 1~2인 가구가 증가하면서 도시락 수요가 늘어나는 것은 분명하다. 하지만 모두가 성공할 수 있는 것은 아니다. 시장을 정확하게 보고 투자대비 수익이 가능한지 충분히 조사를 해야 한다. 또한 상권이 좋다고 하더라도 품질, 청결, 서비스 등을 제대로 유지하지 않으면 고객이 외면 할 수 있다.

프랜차이즈 가맹점으로서 본사의 마케팅 전략을 파악하고 적극적으로 참여하는 것도 필요하다. 〈토마토도시락〉은 '365일 골라먹는 맛의 즐거움' 이라는 슬로건에 어울리도록 간편한 리얼토마토시리즈부터 17찬 일품도시락 등 프리미엄 한정식까지 메뉴의 양과 질을 높여가고 있다. 지금과 같이 점주와 고객의 사랑을 받는다면 2025년까지 1000개의 가맹점과 일평균 매출 100만원 이라는 목표를 달성할 수 있을 것이다.

3. 본도시락

1) 본도시락의 브랜드 컨셉트

'본도시락'은 10년 이상 '본죽'을 운영한 성공 노하우를 가진 프랜차이즈 기업 본아이에프가 선보인 도시락 브랜드다.

저가형이 대부분이었던 도시락 업계에서 〈본도시락〉은 프리미엄 도시락으로 브랜드의 콘셉트를 잡았다. 도시락이지만 한정식이라고 불러도 어색하지 않을 만큼 좋은 재료와 맛깔 나는 반찬, 우수한 운영 시스템은 〈본도시락〉이 지금까지 꾸준한 사랑을 받을 수 있었던 가장 큰 이유다.

〈본죽〉으로 잘 알려진 본아이에프에서 2010년에 론칭한 〈본도시락〉은 '프리미엄 한식 도시락 브랜드'를 콘셉트로 보다 고급스러운 메뉴를 만드는 것이 가장 큰 특징이다. 기존의 도시락전문점 브랜드는 간편하고 저렴한 데 초점을 맞췄다. 그러나 〈본도시락〉은 한 끼를 먹어도 제대로 먹는 건강한 도시락을 목표로 했다. 다른 도시락 브랜드에 비해 값이 다소 높을 수 있지만, 건강한 식재료를 사용하고 프리미엄 메뉴로 도시락을 구성해 테이크아웃은 물론 배달까지

하는 차별화된 전략으로 바꿨다.

이러한 차별화 전략은 소비자들은 물론 점주들에게도 좋은 반응을 얻어 브랜드 론칭 5년 만에 230여개 매장을 오픈하는 결과를 가져왔고, 현재 도시락 시장 내에서도 '프리미엄 도시락'의 대표 브랜드로 자리 잡을 수 있었다.

프랜차이즈로 이름난 브랜드답게 효율적인 매장 시스템도 점주들에게 좋은 반응을 얻고 있다. 〈본도시락〉은 매일 아침 지역별 중앙 주방에서 조리된 반찬을 가맹점에 공급하고 있다. 그러다 보니 매장에서는 일을 덜 수 있고, 일관된 맛과 품질이 보장되니 고객들의 만족도도 더 높다. 대량 주문 역시 원활하게 소화할 수 있다는 것도 장점이다.

2) 외식이 아니어도 가능한 제대로 한 끼

다양하면서도 알찬 메뉴들도 〈본도시락〉이 인기를 얻고 있는 이유 중 하나다. 현재 전국 230여개의 매장을 통해 명품 메뉴인 '품격을 담은 시간'을 비롯해, 건강을 담은 시간, 계절메뉴인 계절을 담은 시간 등 총 38개의 메뉴를 판매하면서 고객의 고급화된 입맛과 다양성을 위해 노력하고 있다.

국내 도시락 시장은 최근 10년간 20배 이상 성장했다. 그 이유는 1~2인 가구가 증가했기 때문이다. '혼밥'과도 잘 어울리는 메뉴이고, 고열량 인스턴트 음식으로 외식을 하는 것보다는 건강을 위한 '밥'을 먹고 싶어 하는 사람들이 늘어난 것도 그 이유다. 〈본도시락〉은 이러한 필요에 모두 부합하기 때문이라며 브랜드의 인기 원인을 자체 평가하고 있다.

테이크아웃이 일반적이지만 배달 서비스를 실리하면서 편리하고 따뜻한 도시락이 가능하다는 것도 장점이다. 배달의 경우, 적지 않은 고정비용이 들어가지만 배달 비중이 전체 판매량의 80% 이상을 차지할 정도로 인기가 높기 때문에 지속적인 운영이 가능하다. 주문도 홈페이지와 모바일 어플리케이션 그리고 대표 콜센터 등 다양한 루트가 있어 더욱 편리하다. 원하는 장소는 물론 원하는 시간까지 맞춰주기 때문에 계획적인 식사가 가능하다는 것도 〈본도시락〉의 자랑할 만한 시스템이다. 이밖에도 야외 나들이를 많이 하는 봄과 가을에는 단체 주문이 많은데, 이때는 특별영업팀을 별도로 운영해 점주와 소비자들이 도시락을 수급하는데 더욱 편의성을 높이고 있다.

〈본도시락〉은 주로 경제력이 있고 건강에 대해 관심이 많은 30대 직장인들을 주 타깃으로 하고 있다. 좋은 식재료를 사용하는 것은 물론, 영양가 높은 한식 반찬 위주로 구성했기 때문에 맛은 물론 건강에도 좋다. 또한 제철 식재료를 활용하고 쌈채소와 샐러드까지 도시락 이상의 메뉴를 선보이기도 했다. 도시락에서 맛보기 어려운 메뉴를 반영하는 것은 〈본도시락〉의 가장 큰 특징 중 하나다. 이는 직장인들이 먹기 힘든 음식으로 채소와 나물을 꼽았다. 그래서 도시락으로 쌈채소와 샐러드를 함께 제공했는데, 예상한 것보다 소비자들의 만족도가 매우 높았다. 쌈채소 도입의 성공사례이다. 이외에도 한식에는 국이 있어야 한다는 고객의 취향을 더욱 맞추기 위해 2012년에는 업계최초로 국물 메뉴를 추가하기도 했다. 도시락전문점 시장은 해가 갈수록 경쟁이 치열해지고 있지만, 〈본도시락〉은 타 브랜드와는 차별화된 전략을 가지고 있기 때문에 시장 전망은 밝다.

한편 〈본도시락〉은 '차돌박이 냉이된장찌개' 외에도 제철 식재료를 활용한 다양한 신 메뉴도 선보였다. '차돌박이 냉이된장찌개'가 초봄까지 이어질 추위를 풀어준다는 3월에는 제철 냉이를 더욱 신선하게 즐길 수 있는 비빔밥도 출시했다.

3) 어머니의 손맛과 정성이 가득 담긴 고품격 한상차림

최근 1인가구 및 여성의 사회진출 증가로 HMR과 함께 도시락 시장이 재조명되고 있다. 편의점 도시락이 가성비를 무기로 치열한 경쟁을 벌이는 가운데, 프리미엄 한식 도시락이라는 콘셉트로 업계를 선도하고 있는 프랜차이즈가 있다. 2010년 론칭한 〈본도시락〉이 그 주인공이다. 본아이에프는 2013년 상반기 697억 원의 매출액을 기록하고 점포수는 전년동기 대비 169개가 늘어난 1488개로 상반기를 마감했다. 불황에도 7.8%의 매출상승을 기록한 데는 공격적인 개망 사업을 펼친 본도시락 성장이 큰 역할을 했다. 본도시락은 가맹사업을 시작한 2012년부터 2016년까지 가맹계약 기준 전국 150여 개의 매장을 오픈하는 등 예비창업자들에게 큰 반응을 얻고 있다. 특히 기존의 저가 도시락과 차별화된 프리미엄 한식 메뉴로 브랜드 신뢰도 및 경쟁력을 입증 받고 있는 것이 선전의 원인으로 분석된다. 특히 2012년 12월부터 시행한 도시락 업계 최초 전국 가맹점의 주문 접수를 전담하는 통합 시스템 구축이 서비스 만족도를 높인 것으로 회사측은 자체 평가하고 있다.

본아이에프는 가맹점과의 '동반상생'을 기치로 프랜차이즈 사업을 펼치고 있으며, 특히 본도시락 브랜드를 집중 육성해 본죽의 규모와 견줘도 손색없는 대표 프랜차이즈로 성장시켜 나가고 있다.

(1) 시즌별 신메뉴 개발로 고객 니즈 확보

학창시절 어머니의 정성이 가득 담긴 도시락은 최고의 추억이었다. 점심시간이 되기 전 삼삼오오 모여 도시락을 먹으며 작은 시식회를 열었다. 어린 시절 먹었던 그 도시락 그대로, 어머니의 정성과 사랑을 다시 느껴볼 수 있다면 얼마나 좋을까.

본도시락이 표방하는 콘셉트는 '건강한 프리미엄 도시락'이다 저가 상품 위주로 구성된 기존 도시락 시장을 탈피, 마치 어머니가 싸주신 듯한 정갈한 한상차림을 고객에게 전달한다는 것이 본도시락의 목표다. 이를 위해 제철 식재료인 주꾸미와 냉이를 활용한 메뉴를 새롭게 출시했으며, 장흥식 삼합불고기 도시락·더덕 고추장삼겹구이 도시락 등은 튀김 위주의 저가 도시락에 물린 소비자의 입맛을 공략했다.

본도시락은 본브랜드 연구개발소를 통해 고객의 니즈, 컨셉, 맛, 효율성 등을 철저히 분석해 제품을 개발한 결과 고객의 사랑으로 이어지고 있으며, 가맹점 매출구조를 조사해 인기메뉴와 비인기메뉴를 분류하고 이를 신메뉴 개발에 적용하고 있다.

(2) 탄력적인 매장 운영 가능해 여성창업·부부창업에 이점

본도시락은 테이크아웃, 배달에 특성화된 프랜차이즈다. 매장에서 주문을 받기도 하지만 주로 전화주문이 많다. 주문전화가 몰리는 점심, 저녁 시간을 제외한 나머지 시간을 탄력적으로 쓸 수 있다. 자녀가 있는 가정의 경우 아이돌봄을 위한 시간을 낼 수 있어 부부창업 형태로 운영이 가능하며, 개인적 시간 활용이 용이하다.

상권을 권역별로 나누고 지역별 CK에서 매일 아침 조리된 반찬을 가맹점에 공급하는 방식 또한 본도시락의 장점이다. 일관된 맛과 품질을 유지해 고객 만족도를 높일 수 있으며 누구나 쉽게 조리할 수 있는 매뉴얼을 도입해 소규모 매장에서도 단체 주문을 원활하게 소화할 수 있다. 최소한의 인력으로 매장을 운영할 수 있어 창업경험이 없는 사람이나 여성창업에 적합하다. 테이크아웃, 배달에 특성화된 운영방식으로 적은 평수에서도 창업이 가능해 최근 뜨고 있는 소자본창업이 가능하다.

(3) 특별영업전담팀으로 가맹점 매출 끌어 올려

경기침체 장기화로 허리띠를 졸라매는 소비자들이 늘고 있다. 소비심리 저하에 외식업계가 직격탄을 맞은 가운데 과거 호황을 누렸던 메뉴가 더 이상 효자종목이 아니다. 외식보다는 집밥으로, 거한 한 끼보다는 간편하기 맛과 가성비 좋은 상품에 대한 소비자들의 욕구가 커지는 상황. 이러한 식문화 변화에 상승세를 탄 메뉴가 도시락이다. 1~2인 가구가 증가하고 여성의 사회진출이 활발해지면서 도시락 시장이 커지고 있다. 본도시락은 2014년 월매출 약 3400만원을 기록하며 동종업계 매출 1위를 기록하기도 했다.

이 같은 성과에 가장 큰 영향을 미친 것이 본도시락이 운영하는 특별영업전담팀이다. 본도시락은 단체도시락 주문을 수주하기 위해 본사 차원에서 특별영업전담팀을 운영한다. 홈페이지나 전화로 단체주문을 받기도하고 전문 영업사원이 직접 발로 뛰어 매출액이 큰 수주를 체결하기도 한다. 야외활동이 많아지는 시기에는 주문 문의와 계약 성사가 활발하다. 이렇게 받은 단체주문건은 가맹점으로 연결돼 안정적인 수익 창출에 도움이 되고 있다.

2010년 브랜드를 론칭해 1년 만에 가맹계약 150호점을 성사시킨 본도시락. 전용 용기와 포장 상자를 개발하며 세세한 부분에서도 고객만족을 실현하고 있다. 옥수수전분으로 만든 친환경 도시락 용기는 정갈한 느낌이 들도록 한상차림 용기로 설계해 도시락은 저가라는 편견을 탈피, '프리미엄 도시락' 이라는 시장을 개척하며 경쟁력 확보에 나서고 있다. 타 브랜드와 확고히 다른 차별성이 결국 가맹점의 성공으로 연결된다는 원칙 때문이다. 이는 본도시락이 운영하고 있는 특별영업전담팀, 멘토-멘티 제도 등으로 이어지며 가맹점 수익이 안정권에 드는데 일조한다.

즉 외형적으로 숫자만 늘리는 기업이 아니라 가맹점주들의 성공을 돕는 성공도우미로서의 역할을 다 한다며, 특별영업전담팀은 다른 프랜차이즈에서는 전례를 찾기 힘든, 본도시락만의 차별성임을 강조한다.

〈본도시락〉 수원인계점의 점주는 현재 수원에서 본죽 매장 1개와 본도시락 매장 2개를 운영하고 있다. 본죽 운영 경험을 바탕으로 본도시락 창업까지 승승장구하고 있는 다수의 가맹점을 성공적으로 이끈 운영 노하우를 보면 이곳 점주는 지난 2004년 수원 인계동에 문을 연 본죽 매장이 첫 외식업 도전이었다. 본죽을 10년 동안 운영하면서 얻은 본사에 대한 신뢰를 바탕으로 2012년 동일 지역에 〈본도시락〉 매장을 오픈하고, 이듬해 4월 수원 영통구청 근처에 본도시락을 추가 오픈했다.

이미 본죽 매장을 운영하고 있던 강 점주가 또 다른 창업 아이템으로 도시락을 선택한 계기는 외식 자영업자라면 트렌드에 민감해야 한다는 믿음 때문이었다.

이곳 점주는 2004년 죽집을 처음 오픈할 당시만 해도 주위에서 '환자나 먹는 죽을 누가 돈주고 사먹냐' 라고 했지만 지금은 일상식이 됐다. 마찬가지로 이제는 소비자의 니즈가 간편하면서도 믿고 먹을 수 있는 음식으로 점차 바뀌어 가면서 도시락 시장의 잠재적인 수요가 크다고 생각한 것이다.

그가 본도시락을 선택한 이유도 명확했다. 본죽을 10년 동안 운영하면서 얻은 본사에 대한 믿음이 워낙에 탄탄했기 때문이다. 본죽을 운영하면서 본아이에프의 체계적이고 안정적인 본사 관리 시스템이 매우 만족스러웠던 강 점주는 본도시락을 선택하는데도 큰 고민이 없었다. 배달서비스가 강점인 것도 본도시락을 선택한 이유 중 하나다. 강 점주는 테이크아웃 시 객단가가 4000~5000원 선이라면, 배달 시에는 1만5000원 이상 객단가가 높아지기 때문에 매출에 큰 영향을 미친다.

도시락은 라이프스타일의 변화로 인해 향후 시장 규모가 더욱 커질 핫 아이템으로 "브랜드를 선택할 때 본사의 가맹관리 시스템이 얼마나 체계적이고 지속적인지, 교육시스템이나 가맹점과의 커뮤니케이션이 원활하니 여부를 꼭 살펴봐야 한다.

그는 본아이에프의 대표브랜드인 본죽과 신규 브랜드인 본도시락을 모두 운영해본 만큼 각각의 장단점도 명확히 분석하고 있다.

죽은 주문 즉시 주방에서 직접 만들기 때문에 노동력 투입이 많은 편이다. 이런 점은 고객이 몰리는 시간에 다소 부담이 될 수 있다. 하지만 기본 수요층이 있고 일반 고객들도 늘어나고 있는 만큼 일정 수준의 매출을 보장 받을 수 있다는 것이 장점이다.

반면 본도시락은 그 반대로 설거지 등의 노동력이 비교적 적게 들고 미리 준비해둘 수 있는 부분이 많아 단체 건 등 높은 매출을 올릴 수 있다는 것이 강점으로 장·단점이나 타깃 고객층이 명확히 다른 두 브랜드를 운영하다보니 경기불황을 느낄 겨를도 없다.

이곳의 Hot Menu를 보면, 더덕장어 보양한정식 도시락이 제철 음식인 더덕과 장어를 활용한 도시락으로, 모두 국내산으로 조리했다. 특히 직접 개발한 고추장 특제소스로 장어를 굽고 향긋한 더덕채를 올려 먹으면 더 맛있다. 여기에 밥, 국, 삼채 샐러드, 새우튀김, 명태회무침이 함께 제공 돼 한정식 느낌의 도시락을 즐길 수 있다.

그 밖에 Hot Concept을 보면, 프리미엄 한식 도시락이라는 고급화 이미지 성공하고 지역별 중앙 주방에서 조리돼 일관된 맛과 품질을 제공하며, 배달 서비스로 안정적인 매출과 고객의 높은 만족도에 있다.

4) 브랜드 특징 및 영업 전략

① **특수상권 입점전략**: 본도시락은 지난 2016년부터 특수상권 공략에 적극적으로 나서 작년 하반기에만 총 4개의 특수 매장을 오픈했다. 현재 운영 중인 특수매장은 총 5곳으로 전시장(킨텍스), 역사(동대구역사), 쇼핑몰(판교라스트리트), 터미널(고양터미널) 등 유형

도 다양하다. 본도시락은 상권개발에 있어 고객접점 확대와 가맹점 매출 증대를 최우선으로 고려하고 있다. 그리고 유동인구가 많은 지역에서 브랜드를 노출시킴으로써 인지도를 높이고 높은 수익을 얻을 수 있을 것으로 기대한다.

본도시락은 이에 따라 중장기적인 출점 전략을 통해 연내 총 10개의 특수매장을 추가로 오픈할 계획이다. 특수매장 개설시에는 신규 가맹점주보다는 현재의 가맹점주를 우선순위로 추천해 기존 점주들에게 로열티를 제공하고 있다.

② **특수상권 운영전략**: 특수상권의 경우 유동인구 및 집객요소를 고려해 메뉴 구성의 일부를 변경해 적용하기도 한다. 이동 중 또는 협소한 장소에서 식사하는 고객이 많은 것을 감안해 사이즈가 커 휴대가 불편한 프리미엄 메뉴보다는 테이크아웃이 용이한 단품과 세트 메뉴를 위주로 구성하고 있으며, 일부 메뉴에 한해 맥주 안주를 겸할 수 있는 핫윙 등을 추가해 판매한다. 매장에 따라 오퍼레션이 용이한 메뉴를 중심으로 판매하는 것도 주요 전략 중 하나다. 특히 터미널과 역사의 경우는 고양터미널점 13개, 동대구역사점 6개 등 메뉴 수를 축소해 열차시각이 임박해 고객이 몰리는 시간대에도 신속한 테이크아웃이 가능하다. 로드숍 기준 도시락 메뉴 수는 38가지다.

③ **창업비용과 가맹사업 전략:** 본도시락은 실면적 39.6m²(12평)이상의 공간이면 창업이 가능하다. 소규모 형태로의 매장운영이 가능한 이유 중 하나는 고객 편의를 위해 도입한 배달 서비스 때문이다.

테이크아웃과 배달서비스를 접목해 연중 안정적인 매출을 이끄는 한편, 테이크아웃과 배달서비스를 함께 접목해 적은 평수에서도 안정적인 수익 달성이 가능토록 복합형 점포로 구성돼 있다.

예비창업자들을 위한 차별화된 분석 프로그램도 마련했다. 본도시락이 제안하는 '우선출점상권' 전략은 예비 창업자들의 문제를 최소화하기 위해 고안한 상권 솔루션 시스템이다. 총 3단계의 절차를 통해 매장을 오픈할 상권을 엄선하는 내용이다.

최근 우선출점상권 지역에 매장을 오픈하는 점주들을 대상으로 배달차로 활용 가능한 소형자동차 '레이(LAY)'를 증정하는 등 다양한 혜택을 마련하고 있다.

4. 벤또랑

1) 일석삼조 프랜차이즈

〈벤또랑〉을 일반 프랜차이즈보다 매우 효율성이 높은 사업으로 생각했다. 메인 메뉴가 도시락이지만 매장에서도 테이크아웃으로도 배달로도 판매가 가능하기 때문이다. 이 세 가지를 가맹점주에 따라 조금씩 바꾼다면 새로운 〈벤또랑〉이 될 수 있겠다고 생각한 것이다. 매장이 넓다면 도시락 카페로, 매장이 좁다면 테이크아웃 및 배달 중심으로 운영할 수 있다는 것은 매우 큰 장점이 아닐 수 없다.

당시 국내 20여개의 매장이 있는 〈벤또랑〉을 인수하면서 영업을 직접 뛰기도 했다. 현재 가맹점주와 예비 가맹점주들을 직접 만나보면서 〈벤또랑〉은 물론 외식 프랜차이즈를 좀 더 깊이 이해할 수 있었고, 이때의 경험은 〈벤또랑〉을 본격적으로 운영하기 시작한 후 큰 도움이 되었다.

2) 간단하면서도 특별한 메뉴

〈벤또랑〉의 가장 큰 장점은 피크닉에 가져가도 예쁜 도시락으로 분위기를 낼 수 있고, 2주 과정의 교육만 받으면 만들기 어렵지 않다는 것도 장점이다.

이곳 대표는 〈벤또랑〉의 또다른 장점으로 간단하면서도 예쁜 도시락을 꼽았다. 우리나라의 냉면과 비슷한 음식이지만, 색다른 맛이기 때문에 초여름부터 좋은 반응을 얻고 있다. 개인의 취향에 맞는 음식 재료들로 예쁘고 맛있게 꾸며진 〈벤또랑〉은 가족이나 연인들의 나들이를 즐겁게 만들어 줄 것이다.

3) 믿고 시작할 수 있는 소규모 창업

예비 창업자들에게 있어 가장 어려운 점은 자본이다. 〈벤또랑〉은 소규모 창업이기 때문에 1억원 미만으로도 창업이 가능하다는 장점을 가지고 있다. 다른 업종에 비해 상대적으로 비용이 저렴하기 때문에 젊은 창업주가 많다는 것도 특징이다.

국내 20여개 정도의 매장을 가지고 있는 〈벤또랑〉은 한식 퓨전 일식 전문점인 '삐엔땅랑'으로 중국 진출을 준비 중이다. 지난 2016년 3월 말부터 정부의 후원을 받아 시작했다.

2016년 8월에는 베이징 왕징에서 〈벤또랑〉 중국 1호점을 오픈하였다. 9월 중 2호점도 오픈하였으며 〈벤또랑〉에 대한 현지 바이어들의 반응이 좋아서 중국 전역에 계속 오픈할 예정이다. 청년 시절, 글로벌 시장에서 일하고 싶었던 이곳 대표의 꿈은 이제 현실이 되었다. 중국 전역뿐만 아니라 두바이, 뉴욕, 인도네시아, 유럽 등에 진출해서 〈벤또랑〉을 알리는 것이 앞으로의 목표다. 국내 시장에서 치열하게 경쟁한 부분들이 결국은 새로운 경쟁력이 된다고 생각한 것이 경쟁을 즐기고 그 안에서 나오는 아이템을 해외로 진출 시킬 수 있다.

〈벤또랑〉이 속한 VS 컴퍼니의 비전은 외식&레저 분야의 세계 일류가 되는 것이다. 향후 10년 간 50개 브랜드를 개발 및 인수해 국내 핵심 상권과 해외 10개국에 론칭하는 것이 궁극적인 목표이다. 언제나 힘이 되는 투자자들과 함께하면서 글로벌 기업의 경쟁력을 갖추기 위해 오늘도〈벤또랑〉은 노력하고 있다.

4) 브랜드 특징 및 영업전략

도시락 전문점을 밥과 반찬을 주 메뉴로 하는 곳에 한해서만 한정 지을 수 없다. 도시락과 유사한 벤또만 하더라도 고객으로부터 비슷한 인지도를 얻고 있다. 〈미야오〉는 국내시장에 어울리는 벤또를 메인 아이템으로 내세워 화제다. 아직 브랜드 초창기지만 아기자기한 메뉴, 개성적인 포장용기 등은 고객의 호기심을 자극하고 있다.

도시락은 같이 먹기에도 좋지만 혼자 먹기에도 좋다. 당연히 테이크아웃으로 가져가기보다 점포에서 즐기고 싶은 고객도 있기 마련이다. 〈미야오〉는 이러한 고객들을 위한 서비스에 충실하다. 점포에서 벤또를 혼자서 즐겨도 무안하지 않다. 일반 음식점에서는 테이블이 마주 보게 되어있지만 바 형식의 테이블을 준비해 주방을 보면서 식사할 수 있도록 했다.

포장고객을 위한 테이크아웃 시스템도 준비되어 있다. 점포에서 즐기는 메뉴도 아기자기하지만 테이크아웃시 포장용기와 깔끔한 조화를 이룬다. 포장지의 고양이 캐릭터와 음식 색감이 포인트로 작용해 눈을 즐겁게 한다. 용도에 따라 국, 스프, 벤또 등 용기가 구분되어 있다. 점포 오픈초기에는 고객 대부분이 젊은 여성이었지만 가족 단위, 시니어, 외국인 고객에 이르기까지 범위가 확대 되었다.

〈미야오〉는 가맹점주의 의사에 따라 배달 서비스를 실시한다. 신촌점의 경우 도시락 6개 이상 주문 시 포장 배달 서비스를 제공한다. 거리의 제한을 받기도 하지만 인근 일대를 바탕으로 적극적으로 시행하고 있다. 인근 대학과 오피스, 병원, 여의도 각 정당 사무실에 이르기까지 배달주문이 쇄도하고 있다.

5. 그랩앤고

1) 별도의 주문 없이 원하는 음식선택

그랩앤고(Grab&Go)는 지나가면서 손쉽게 잡아서 이동할 수 있는 음식으로 매장에서 소비하지 않고 가지고 가는 음식을 의미한다. 그랩앤고 시스템의 가장 큰 장점은 패스트푸드보다도 빠른 신속함과 편리함이다. 패스트푸드점을 이용할 경우 줄서기-주문하기-계산하기-기다리기-수령하기-착석하기 등 최소 6단계를 거쳐야 음식을 먹을 수 있다. 하지만 그랩앤고 라면 탐색하기-선택하기(Grab)-계산하기-나가서 먹기(Go)의 4단계만으로 식사가 가능하다. 고객은 주문을 하거나 기다리지 않아 빠르게 이용할 수 있고, 직원은 서빙이나 정리할 필요가 없어 일거리가 줄어든다.

그랩앤고 매장은 작은 공간에서 최대한 많은 수익을 내야하는 구조상 회전율이 무엇보다 중요하다. 따라서 완조리 후 쇼케이스 보관과 전시가 가능한 샌드위치나 샐러드, 롤, 김밥 같은 메뉴가 적합하며, 장소의 제약 없이 빠르고 간편하게 먹을 수 있는 패키지 개발도 필수다. 이러한 메뉴군을 갖춘 업소라면 그랩앤고 코너를 설치해 부가매출을 노려봄직하다. 하지만 기존 점포의 콘셉트를 무시한 채 그랩앤고로 전환하겠다는 발상은 위험하다. 점포의 레이아웃과 동선, 브랜드 콘셉트에 부합하지 않는 시스템은 결국 실패를 낳을 수밖에 없다.

오픈주방에서의 쇼잉과 다양한 메뉴를 앞세워 직영영업을 전개하는 스노우폭스와 프리미엄 김밥에 쇼케이스 시스템을 도입한 그랩앤고 콘셉트로 가맹사업 전개에 나섰다.

2) 스시 도시락, 신선함을 show하는 스노우 폭스

공간 활용도가 높은 그랩앤고 시스템은 한정된 공간에서 회전율이 좋아야 하는 미국의 레스토랑에서 먼저 등장했다. 한국도 부동산 사정이 비슷하다 보니 특히 외식업의 경우 회전율은 성패를 결정짓는 요인이 되기도 한다. 미국에서 시작된 스노우폭스는 국내에 도입된 대표적 〈그랩앤고〉 콘셉트 브랜드로 공간 활용 측면에서 보면 한국에서도 충분히 사업성이 있어 보였다. 하지만 오더 메이드가 아닌 '만들어 놓은 도시락'이 국내 소비자들에게 환영받을 아이템인가에 대해서는 확신이 없었다.

그러나 웨이팅에 민감한 오피스 상권에 입점하며 그랩앤고 시스템의 가치를 제대로 인정받았다. 원하는 상품을 바로 가져갈 수 있다는 편리함이 높이 평가된 것. 뿐만 아니라 오픈주방에서 작업하는 셰프들을 눈으로 직접 확인할 수 있는 매장 구조가 상품에 대한 신뢰도를 높였다.

소비자들은 식품의 유통 기한에 민감하다. 실제로 먹어도 되는 날짜는 유통 기한보다 더 길지만 바로 먹을 식품조차도 유통 기한 내의 제품들 중 가능한 최근에 만들어진 것을 고른다. 김밥 한 줄도 미리 말아 둔 것보다 오더 메이드를 선호한다. 그런데 도시락전문점인 스노우폭스의 그랩앤고 시스템이 통했다. 스노우폭스는 주로 오피스 상권이나 인구 유동이 많은 지역에 입점해 피크 타임 외에도 꾸준히 회전율이 좋아 하루 3번 이상 상품을 새로 세팅한다. 어느 시간대에 가도 신선한 음식을 먹을 수 있는 것이다. 내용물이 잘 보이는 투명한 포장 용기에 담긴 수분 가득한 과일과 촉촉한 스시, 싱싱한 샐러드가 상품의 회전율을 설명하고 있다.

스노우폭스의 전 매장은 반드시 포스 뒤편에 오픈주방이 있다. 고객들이 계산을 하면서 조리가 이루어지는 주방을 잘 볼 수 있는 구조다. 아일랜드 졸대에서 셰프가 생연어를 통째로 손질하거나 도시락을 만드는 과정이 자연스럽게 노출되도록 주방 파티션을 낮게 제작했다. 도시락의 신선함을 어필하기 위해 기획한 하나의 퍼포먼스인 것이다. 이 같은 쇼윈도비즈니스는 고객의 시선을 끌어 구매욕을 북

돋는 효과를 낸다. 상품의 신선함과 위생 안전을 상징적으로 드러내 보이는 것이다. 또한 마감 시간대에는 남은 상품을 고객이 보는 곳에서 폐기 처분해 '전제품 당일 생산 소진 원칙'이란 슬로건에 힘을 실었다.

스노우폭스에서 판매되는 상품들은 도시락치곤 비교적 가격대가 높은 편이다. 친환경의 질 좋은 식재료를 사용해 원가율이 40%에 이른다. 상품 자체의 가치가 높기도 하지만 스노우폭스에서 판매되는 상품들에 (낮지 않은)값을 지불하게 만드는 이유가 있다. 브랜드 이미지다. 우선 패키지 디자인에 과감하게 투자했다. 완벽한 패킹은 선물로써도 가치를 높이며 손에 들고 있는 사람의 이미지까지도 높이기 때문이다. 이곳 회장은 론칭 전 스노우폭스 메뉴 퀄리티에 맞는 패키지를 완성할 것을 주문하기도 했다. 또한 스노우폭스는 한국에 들어오며 메인 타깃을 경제력 있는 여성으로 설정하고 기획했다. 퍼플과 화이트를 사용한 메인 컬러가 여성스럽고 고급스러운 느낌을 준다. 인테리어, 유니폼, 패키지, 식기 등 고객이 접하는 모든 요소에 녹였다. 실제로 여성 고객이 대다수며 최근에는 커플이 방문하거나 혼밥을 즐기는 남성 고객도 늘었다.

그랩앤고 시스템의 가장 큰 장점은 테이크아웃 비율이 높다는 점이다. 스노우폭스는 좌석 수가 25석에 불과한 $60m^2$(18평) 매장에서도 7000~8000원짜리 도시락을 팔아 일매출 평균 400만 원을 올린다. 테이크아웃 고객이 60%가 넘을 정도로 호응도가 높다. 보통 포스에서 주문과 계산 후 메뉴가 나오길 기다리거나 테이블에 앉아 주문하는 오더 메이드 방식과 달리 상품을 집어서 계산 후 포장해 가는 그랩앤고 시스템은 고객의 동선도 다르다. 매장 구조도 그에 맞는 설계가 필요하다. 스노우폭스는 고객이 매장을 방문하면 가장 먼저 찾는 쇼케이스 자리를 우선적으로 정하고 그 위치에 따라 동선이 얽히지 않도록 포스를 구축한다. 매장의 규모는 본사 건물에 자리한 119m²(36평)의 서초뱅뱅점 본점을 제외하고는 평균 66~83m²(20~25평) 선에서 오픈하는데 피크 시간대에도 복잡한 감이 덜하다. 그중 주방이 차지하는 비율은 30~40%정도 된다.

3) 그랩앤고 시스템의 국내 안착이 최우선 목표

스노우폭스코리아의 대표는 스노우폭스의 그랩앤고 시스템을 한국에 새로운 카테고리로 안착시키고자 국내 진출을 결심했다. 지난 2015년 봄 강남대로 뱅뱅사거리의 서초뱅뱅점에서 출발해 사업 안정화를 위한 브랜딩 작업에 집중해 왔다. 이후 교대, 역삼, 광화문, 반포 등 노른자위 상권에만 5개 직영점이 추가로 입점했으며 잠실타워와 서울역 부근에도 오픈했다.

인기 메뉴는 연어다. 각 매장에서 매일 생연어를 손질해 만든다. 오픈주방에서 생연어를 손질하기 때문에 고객은 믿고 먹을 수 있다. 처음 선보인 여러 종류의 스시 중 유통 과정에서 선도가 떨어지는 생선들을 제외하고 품질이 좋은 연어만 집중하여 판매한다. 매일 아침 생과일과 깨끗한 정수로 채워 만드는 디톡스워터 역시 마니아층을 형성할 만큼 인기다. 트리플베리는 건과일을 사용하는 시중의 제품과 달리 생과일을 사용해 과일 본연의 향이 진한 것이 특징이며 비주얼 효과를 위해 투박한 뚜껑 대신 투명한 바닥이 위로 올라오도록 뒤집어서 진열 했다.

쇼케이스의 온장고에 있는 덮밥, 어묵탕 등 핫푸드는 미국에는 없는 한국 소비자들의 취향에 맞춘 메뉴다. 즉 간편한 식사를 찾는 바쁜 현대인에게 질 좋은 식재료로 만든 제대로 된 한 끼를 제공한다는 것이 이 브랜드의 런칭 이유이다.

4) 브랜드 특징 및 영업전략

한국 도시락 시장은 날로 치열해지고 있다. 저가형 프랜차이즈부터 고가의 도시락까지 여러 콘셉트들이 혼재한다. 최근엔 편의점 도시락까지 가세했다. 편의점 도시락은 가격에 비해 질이 떨어진다는 평을 듣던 과거와 달리 아주 상반된 평가를 받고 있다. 이런 도시락 시장에 과감히 도전장을 낸 브랜드가 있다. 건강하고 신선한 도시락 콘셉트를 내세워 미국에서 큰 성공을 거둔 〈스노우폭스〉다. 2015년 한국에 정식 론칭한 〈스노우폭스〉는 12월 말 10호점의 문을 열며 한국 외식시장에서 순항 중이다.

(1) 도시락에 퍼포먼스를 입히다

〈스노우폭스〉는 2005년 미국 휴스턴에서 탄생한 브랜드다. 시작은 JFE Inc.대표의 작은 아이디어였다. 그는 마트 안에서 파는 롤, 초밥에 주목했다. 키오스크 안에서 덩그러니 놓인 롤과 초밥을 보며 아쉬운 생각이 들었다. 롤, 초밥은 만드는 과정이 재밌는 음식이다. 여러 재료를 한데 모아 마는 방식은 서양인들도 호감을 가질 수 있다. 하지만 아무리 재미있는 과정도 진열대 안으로 들어가면 생략된다. 중요한 장면을 놓친 연극무대와도 같은 것이다. 그는 상사에게 건의를 했다. 음식을 만드는 과정을 보여 주자고, 사람들의 호기심을 이끌어보자고. 결과는 문자 그대로 대박을 쳤다. 음식이 만들어지는 과정은 그 자체로 퍼포먼스였다. 재개된 연극에 관객은 몰렸고 매출은 늘었다. 신선한 음식은 덤이었다. 〈스노우폭스〉의 모든 재료는 당일 배송, 당일 폐기가 원칙이다. 팔지 못한 식재료는 과감히 버린다. 이런 모습에 고객들은 지갑을 열었다. 3개월 만에 지점이 10개로 늘었다. 이후엔 탄탄대로였다. 대형 슈퍼마켓 체인인 '크로거' 안에 입점한 것을 계기로 세를 더욱 불렸다. 2015년 현재 전 세계에 1200개가 넘는 매장을 운영 중이다. 이렇게 잘 나가는 브랜드가 왜 한국 외식업계에 도전장을 내민 것일까? 굳이 이 좁은 땅이 아니어도 기회는 얼마든지 있을 텐데 그 이유는 새로운 무대에 열정적인 도전정신에 있다.

(2) 달라진 무대, 새로운 경험이 필요하다

〈스노우폭스〉는 미국 내에서 로드샵, 즉 일반 매장이 아닌 대형 마트 안에 입점한다. 마트 안의 푸드코트와 비슷한 개념으로 생각하면 된다. 이러한 전략은 브랜드 이미지의 인식에 아쉬운 요소다.

마트는 성장의 발판이자 한계다. 만약 A마트에 입점할 경우 사람들은 '스노우폭스'라는 브랜드보다 'A마트 도시락 가게'로 인식하는 경우가 많다. 매출을 늘리고, 매장이 늘어도 A마트 도시락 가게라는 딱지가 붙는다. 자신들만의 브랜드 이미지 구축의 필요성을 느꼈다. 로드샵에 도전하기로 결심한 것이다. 물론 쉽지는 않았다. 10년이라는 운영 경력이 없다는 점이 걸림돌이었다. 미국에서 로드샵을 내는 건 큰 모험이다. 임대료도 비싸고, 단기간 임대 계약이 힘들다. 한 번에 10년에서 15년 계약을 하는 게 보통이다. 무리한 입점으로 실패할 경우 피해가 막심할 수 있다. 대안을 모색했다. 일단 경험이 필요했다. 시선이 향한 곳은 한국이었다. 이곳은 특히 프랜차이즈 문화가 발달돼 있는 곳이기 때문이었다.

전 세계적으로 유명한 브랜드지만 한국에선 〈스노우폭스〉라는 브랜드를 알리는 것이 우선이다. 물론 프랜차이즈를 목적으로 들어온 것은 맞다. 그렇다고 마냥 지점을 늘리는 것은 아니다. 브랜드가 갖는 비전과 부합하지 않다고 판단하면 지금처럼 직영점 체제로만 운영할 생각도 있음을 고백한다.

(3) 건강한 프랜차이즈 생태계를 꿈꾸다

〈스노우폭스〉는 현재 모든 매장을 직영점으로만 운영하고 있다. 프랜차이즈 제의가 없어서가 아니다. 제의는 숱하게 들어왔다. 문제는 따로 있었다.

프랜차이즈 문의를 하는 분들에게 꼭 건네는 질문이 있다. '왜 우리매장을 내고 싶으신가요?' 다. 생각보다 많은 분들이 대답을 못한다. 그냥 '돈을 잘 벌 거 같아서, 보기에 좋아서' 라고 답하는 분들이 대부분이다. 심지어 외식업 경험이 전혀 없는 분들도 상당하다.

이렇게 큰 고민 없이 접근하는 분들이 과연 브랜드의 가치와 비전을 공유하려 들까? 그렇지 않다.

실제로 〈스노우폭스〉 미국 본사는 아무에게나 매장을 내주지 않는다. 까다로운 자격 조건이 붙고, 면접을 거쳐야 한다. 브랜드를 유지하고 발전시킬 수 있는지를 눈여겨본다. 이미지에 타격을 주지 않기 위한 전략이다.

직원을 최우선하는 기업문화도 한 몫 했다(SNS를 한 차례 뜨겁게 달궜던 '공정서비스 권리 안내'의 주인공이다). 〈스노우폭스〉는 모든 직원을 정규직으로 채용한다. 월급도 타 외식업소에 비해 많이 준다. 저비용으로 직원을 고용하면 결국 이직률이 높아진다. 이는 보이지 않는 비용 지출과 직원들이 자주 바뀌는 현상을 막기 위한 장치다.

본사부터 직원을 최우선시 한다. 한국 외식업계는 노동 강도에 비해 대우가 좋지 못한 편이다. 실제로 운영을 해보면 왜 그런지는 알게 된다. 하지만 브랜드 가치를 위해서라도 방침을 고수할 것이라며 좋은 선례를 만들어 나가고 싶어 한다.

미국에서 날라 온 도시락 프랜차이즈의 행보는 우직하게 앞을 향하고 있다. 무대는 열렸다. 자신 있는 도전자는 오디션에 참가하면 된다.

6. 신설오픈 틈새 도시락 브랜드

1) 바쁜 직장인을 위한 〈일품 도시락〉

최근 고깃집에서도 한식당 못지않게 점심메뉴나 찬류 구성에 제법 신경을 쓴다. 특히 오피스 상권의 경우 직장인 고객을 겨냥한 점심 메뉴를 활성화해야하기 때문에 메뉴 완성도가 높은 편이다. 시청역 부근 먹자골목에 위치한 삼겹살전문점 〈화포식당〉은 오픈한지 한 달 밖에 되지 않은 신규 매장이지만 제육두루치기와 시골된장찌개, 프리미엄완자부대찌개 등 정감 있는 한식을 가정식 5찬과 함께 푸짐하게 차려 점심시간에만 100명 이상의 직장인 고객을 받고 있다. 바쁜 직장인들을 위해 점심시간 한정도시락을 판매한다고 가정해 푸짐한 도시락 메뉴를 선보인 것이다.

(1) 메인요리와 반찬 고르기

화포식당은 삼겹살전문점인 만큼 삼겹살이나 목살구이를 활용한 도시락메뉴를 구성하고 싶어 했으나, 삼겹살 특성상 기름기가 많아 금방 굳고 눅눅해질 것을 우려해 구이메뉴는 도시락 품목에서 제외 했다.

현재 화포식당 시청점에서 점심시간 가장 반응이 좋은 메뉴는 '프리미엄완잡대찌개'와 '일품제육두루치기', '일품오제(오징어& 제육볶음)두루치기'다. 각각 1인 7000원이고 2인분 이상 주문 가능하다. 일품제육두루치기와 일품오제두루치기는 가스버너에 올려 즉석에서 볶아먹을 수 있도록 제공하고 메인과 함께 된장찌개와 흑미밥, 가정식 반찬 다섯 가지를 매일 바꿔가며 낸다.

프리미엄와자부대찌개는 부대찌개에 돼지고기 전지를 다져 만든 큼직한 생 완자를 넣고 끓여내는데 해장용으로도 좋고 낮술 고객에게도 인기다.

일품숙성김치찌개나 프리미엄완자부대찌개 등 찌개메뉴 대한 만족도가 높은 편이긴 하나 뜨거운 국물을 넉넉히 담아내기에 패키지 특성상 한계가 있어 찌개류도 제외하기로 했다.

결국 포장용으로 적합하고 주방 오퍼레이션이 비교적 덜 복잡한 메뉴로 일품제육두루치기와 일품오제두루치기가 가장 적합하다고 판단, 두 가지 메뉴를 조금씩 다른 버전으로 담았다.

반찬의 경우 평소 리필 요청이 많이 들어오는 인기 찬을 몇 가지 뽑아 메인요리와 함께 구성했다. 점심에는 주로 오징어젓갈과 어묵볶음, 달걀찜, 볶음김치, 미역무침 등이 인기고, 저녁시간 고기손님은 대부분 알타리무장아찌와 쪽파김치 등을 자주 리필 요청한다.

(2) 고객 니즈별 두 가지 패키지 도시락으로 완성

도시락은 총 두 가지 제품으로 구성하였다. 오징어&제육볶음두루치기를 메인으로 샐러드를 비롯한 6찬과 된장찌개를 별도 담아내는 프리미엄형 '일품 오제도시락', 시간에 쫓기는 바쁜 직장인들을 겨냥해 간편하게 한 끼 해결할 수 있는 원플레이팅 형태의 '제육두루치기 덮밥' 이다.

제육두루치기 덮밥 도시락은 총 2단 구성으로 위층에는 반찬 다섯 가지를 담아내고 아래층에는 밥과 제육두루치기를 한데 담아 '미니 찬합' 의 느낌을 줬다. 간편하면서도 메인요리와 반찬을 푸짐하게 담아낼 수 있다는 강점이 있다.

일품 오제도시락은 잘 갖춰진 프리미엄 한식을 지향한 도시락으로 메인인 오징어&제육볶음과 매콤하게 무친 상추겉절이, 오징어젓갈, 어묵볶음을 담았고 특별히 저녁 시간 고기 찬으로 내는 쪽파김치와 알타리무장아찌, 고추장아찌를 함께 담아냈다. 또 프리미엄 도시락에 맞게 별도 포장용기에 된장찌개를 담았다. 일품 오제도시락은 메인메뉴와 찌개, 반찬까지 도시락이라도 제대로 차려낸 한식을 먹고 싶을 때, 제육두루치기 덮밥은 일정상 점심을 간단하고 신속하게 해결해야 할 때나 단체 주문에 용이하다.

일품 오제도시락과 제육두루치기 덮밥 도시락 두 가지는 무엇보다 메인메뉴인 제육두루치기나 오징어&제육두루치기는 고기 상태도 훌륭하고 양념도 적당히 매콤하고 감칠맛이 돌아 흑미밥과 잘 어울리며 반찬 구성도 좋다.

기존 3000~4000원대 편의점 도시락의 경우 가격이 저렴하고 구성도 다양하긴 하나 냉동식품인 데다 매일 먹기엔 간이 세고 부담스럽다는 단점이 있다. 그러나 화포식당에서 준비한 도시락은 어머니가 해주시는 집밥을 배부르게 먹은 느낌이다. 특히 일품 오제도시락의 파김치와 상추겉절이가 예술이다. 이런 종류의 반찬은 고깃집이 아니면 절대 구성할 수 없는 도시락 재료이기 때문에 개성을 잘 살린 듯하다. 단 직장인을 타깃으로 한 도시락이라면 6000원을 넘기지 않아야 한다. 요즘 명품이다 프리미엄이다 해서 1만원을 훌쩍 넘기는 도시락이 많이 나오는데 부담스럽다. 도시락 아이템의 본질을 잊은 가격대다.

2) 주부고객 공략을 위한 〈알뜰 푸짐 도시락〉

맛깔스러운 반찬을 다양하게 갖추고 있는 한정식전문점이나 한식당의 경우 도시락 구성 시 기존 매장에서 사용하는 재료만으로도 손쉽게 메뉴를 만들 수 있어 비교적 수월하다. 30~40대 여성고객을 타깃으로 시래기 한상차림 밥상을 내는 〈고미꽃시래〉에서 부가매출을 끌어올리기 위한 한식 도시락의 사례를 살려 보았다.

경기도 성남시 분당에 위치한 시래기전문점 〈고미꽃시래〉는 오픈한 지 일 년도 되지 않았지만 푸짐하고 정갈한 밥집으로 입소문 나 30대부터 중장년층 여성고객들의 발길이 끊이지 않는다.

고미꽃시래는 최근 건강 식재료로 각광받고 있는 시래기를 주재료로 선정, 그중에서도 영양가 높고 퀄리티 좋은 강원도 양구 펀치볼 시래기를 사용한다. 메뉴는 '꽃시래 정식'과 '꽃시래 피자' 두 가지다. 대표메뉴인 '꽃시래 정식'은 시래기 밥과 시래기 들깨탕, 시래기 고등어조림을 메인으로 전과 각종 장아찌, 제철 나물 등 12가지 찬으로 푸짐한 한상차림을 낸다. 살이 통통하게 오른 노르웨이산 고등어와 부드러운 시래기, 무를 넣어 매콤하게 조린 시래기 고등어조림은 양념이 잘 배어 감칠맛이 좋고 여기에 시래기 밥을 한술 떠먹으면 구수한 향이 입안에 퍼지면서 밥도둑이 따로 없다. 이곳 대표가 직접 만든 호박고지와 가지고지 등의 묵은 나물과 파프리카셀러리장아찌, 방풍나물장아찌 등의 저염 장아찌, 삼채무침, 도라지유자청무침 등 직접 만들기엔 손이 많이 가는 홈메이드식 한식 찬을 두루 맛볼 수 있어 주부고객의 만족도가 높다.

고미꽃시래에서는 시래기를 활용한 시래기 밥, 시래기 고등어조림,

시래기 들깨탕과 저염식 찬류를 바탕으로 가정에서는 물론 소모임이나 아이들 소풍 때 한 끼 식사로 활용할 수 있는 도시락을 만들어 보았다.

고미꽃시래는 새로운 요리를 따로 만들지 않고 매장에서 내고 있는 반찬만으로도 쉽게 도시락을 만들 수 있어 좋은 경험이었으며, 도시락이나 테이크아웃에 대한 니즈가 커진다면 실제로 구성해볼 용의도 있다고 한다.

(1) 맛·색깔·영양 밸런스 맞춘 찬으로 3종 도시락 구성

푸드란쿠킹클래스 대표의 도움을 받아 고미꽃시래의 대표메뉴인 '꽃시래정식'에 차려내는 12가지 찬과 메인요리인 시래기 밥, 시래기 고등어조림, 시래기 들깨탕을 활용해 세 가지 도시락을 만들었다. 주 메뉴인 시래기 밥과 시래기 고등어조림, 시래기 들깨탕을 기본으로 제공하고 나머지 12가지 찬은 영양소별로 세 가지씩 나누어 구성, 5대 영양소를 골고루 갖춘 건강 도시락 3종이 탄생했다.

고미꽃시레는 변비 예방에 좋은 시래기와 속을 편안하게 도와주는 들게, 오메가3와 단백질이 풍부한 고등어, 소화를 돕고 비타민이 풍부한 열무 등 건강한 식재료로 음식을 제공해 맛과 색깔, 영양 밸런스를 갖춘 3종 도시락을 메뉴로 구성했다.

첫 번째 도시락은 가지고지, 도라지유자청무침, 미나리무침을 찬으로 담았다. 수분 함량이 높은 가지의 비타민과 알싸한 도라지의 면역력 향상, 미나리의 해독작용 등 영양의 조화를 고려했으며 다양한 식감으로 지루하지 않은 식사가 될 수 있게 구성했다.

두 번째 도시락은 가정에서 쉽게 먹을 수 없는 반찬으로 인기가 많은 삼채무침과 파프리카셀러리장아찌, 호박조기로 구성했다. 달달한 호박과 알싸한 삼채, 상큼한 파프리카셀러리가 어울린 삼박자 맛의 조화와 식감과 색감의 재미를 살렸다.

세 번째 도시락은 방풍나물장아찌, 멸치견과류볶음, 도라지유자청무침이 메인 찬이다. 잎채소, 건어물, 뿌리채소 인 세 가지를 활용해 각각의 맛과 향, 영양소 장점들을 고려했다. 부족한 영영소인 칼슘과 무기질은 멸치로 보충했으며 도라지와 방풍나물로 기관지와 면역력 강화, 천식 예방의 효과를 넣어 어린이와 어른의 건강을 챙길 수 있다.

(2) 도시락 패키지 완성

건강 도시락 구현을 위해서는 탄수화물 비중을 줄여 밥과 메인요리의 위치를 바꿔 담고 밥 양에 맞춰 고등어 반토막과 무, 시래기의 양을 조절했으며 열무물김치와 시래기 들깨탕은 탕 용기에 별도로 담았다. 찬의 경우 짜지 않은 묵은 나물을 가장 많이 담았으며 장아찌나 무침류는 비교적 적게 담아 밥과 함께 먹었을 때 짜지 않도록 했다.

삼채무침 도시락 반찬 구성이 가장 마음에 든다. 시래기의 녹색과 삼채의 빨간 양념, 파프리카의 알록달록함이 식욕을 자극했고 집에서 쉽게 무침으로 먹는 재료가 아닌 삼채를 재료로 사용했다는 것이 눈에 띄었다. 고소한 시래기 밥과 호박고지에 매콤한 삼채무침이 입맛을 돋우어주니까 맛의 조화에서도 좋은 것 같다. 그리고 파프리카와 셀러리 두 가지 모두 아삭한 식감의 새콤한 장아찌여서 충분히 샐러드를 대신할 수 있을 것 같다. 삼채무침 도시락은 아이들보다는 남편 출근용 도시락이나 답례용 도시락으로 준비하면 좋을 것 같다.

또한 파프리카셀러리장아찌를 이용해 샐러드를 만들어도 좋을 것 같다. 발사믹 드레싱과도 잘 어울릴 것 같고 장아찌가 새콤해서 별도의 드레싱 없이도 먹을 수 있어 새로운 메뉴가 아닐까 싶다. 만약에 칸을 나눌 수 있다면 호박고지의 양을 줄이고 달콤한 도라지유자청무침을 함께 구성해도 좋을 것 같다. 아쉬운 점이 있다면 고등어조림의 양념과 삼채의 색이 붉은색이므로 도시락 패키지는 검은색이 좋겠다.

① **도라지유자청무침 도시락: 구성** 시래기 밥과 시래기 고등어조림, 열무물김치, 시래기 들깨탕, 가지고지, 도라지유자청무침, 미나리무침 **특징** 꿀에 잰 도라지를 새콤한 유자청에 무친 도라지 무침과 꼬들한 가지고지, 참기름과 들기름에 무친 고소한 미나리 무침으로 구성한 새콤달콤 무침 도시락이다.

② **방풍나물장아찌 도시락: 구성** 시래기 밥, 시래기 들깨탕, 시래기 고등어조림, 열무김치, 방풍나물장아찌, 멸치견과류볶음, 도라지유자청무침 **특징** 혈액순환과 면역력강화에 좋은 방풍나물장아찌와 칼슘과 단백질이 풍부한 멸치견과류볶음, 기관지에 좋은 도라지유자청무침으로 구성한 영양만점 도시락이다.

③ **삼채무침 도시락: 구성** 시래기 밥, 시래기 들깨탕, 시래기 고등어조림, 열무물김치, 호박고지, 삼채무침, 파프리카셀러리장아찌 **특징** 매콤한 삼채무침에 아삭한 맛이 일품인 파프리카셀러리장아찌, 담백하고 고소한 호박고지로 구성해 매콤, 달콤, 새콤하게 입맛을 돋우는 도시락이다.

3) DIY 스타일 프리미엄 도시락전문점 〈바른한끼 담다〉

㈜바른손홈쿡에서 기존 도시락과 차별화된 나만의 도시락을 만들 수 있는 DIY스타일 프리미엄 도시락전문점 〈바른한끼 담다〉를 론칭했다. 시간에 쫓기는 바쁜 현대인들이 건강하고 맛있는 바른 한 끼를 간편하게 즐길 수 있도록 서비스한다는 목표다.

'바른장터' 냉장고를 설치해 이곳에서 사용하고 있는 명인명품 제품들을 구매할 수 있어 더욱 매력적이다. 요즘처럼 바람이 좋을 때에는 야외 테라스 매장에서 도시락을 즐기는 고객들이 많다. 특히 패키지가 고급스럽고 찬을 마음대로 구성할 수도 있어 가벼운 조찬회의나 선물용으로도 좋다.

4) 프리미엄 김밥을 도시락으로 발상을 뒤집은 〈리김밥〉

2014년 정점을 찍었던 프리미엄 김밥 시장의 성장세가 지난해부터 꺾이기 시작하더니 올 들어서는 급기야 폐점 매장이 나오기 시작했다. 지난 2010년 압구정 골목에 18.2m²(5.5평)짜리 김밥집을 열어 김밥 단일메뉴로 사람들을 줄 세웠던 '김밥 장인'이 그 주인공이다.

(1) 2010년, 프리미엄 김밥 시장을 열다

외식시장을 조금이라도 아는 사람이라면 프리미엄 김밥의 선두주자로 리김밥을 꼽는 데 주저 않는다. 견과류, 버섯, 파프리카, 에담치즈, 고다치즈 등 김밥에는 사용하지 않던 고급 식재료를 김밥 재료로서 훌륭히 조화시킨 아이디어와 제품력은 그야말로 프리미엄했다. 지금의 고급 김밥 프랜차이즈 중 리김밥을 벤치마킹하지 않은 곳들이 없을 정도다. 이후 분점 하나 내지 않으며 묵묵히 시장을 관망해 온 리김밥이 2016년, 드디어 움직이기 시작했다. 7월 센트럴시티, 9월에는 하남 스타필드와 사당역에 연이어 매장을 오픈하며 본격적인 가맹사업을 선언하고 나선 것, 특히 센트럴시티점과 스타필드 하남점은 오픈 직후부터 연일 웨이팅 행렬이 이어지는 등 앞으로의 가능성에 기대감이 모아지고 있다.

(2) 쇼케이스에서 대안을 찾다

리김밥은 프리미엄 김밥의 개념을 지금까지의 브랜드들과는 전혀 다른 방식으로 풀어냈다. 재료의 품질에 속하며 주문 후 조리하는 슬로푸드를 지향했던 기존 브랜드와는 달리 '슬로푸드인 김밥을 패스트푸드처럼 편리하게 즐긴다' 는 역발상을 도입했다. 이로써 탄생한 것이 바로 리김밥만의 독보적인 쇼케이스 시스템이다.

오더 메이드 브랜드들은 김밥 마는 장면을 쇼잉(Showing)요소로 신뢰감과 볼거리를 제공하는 것이 특징. 하지만 프리미엄 김밥의 경우 재료가 많이 들어가고 만드는 시간이 오래 걸리는 제품 특성상 주문이 몰리게 되면 웨이팅이 길어질 수밖에 없었다.

리김밥은 쇼케이스를 활용한 테이크아웃을 중심으로 효율성을 높이는 한편 수요예측을 통한 선조리 방식으로 주방의 업무강도를 대폭 낮췄다. 또 김밥 외에 사이드메뉴를 최소화, 오퍼레이션을 간소화함으로써 프리미엄 김밥의 고질적 문제였던 인건비 문제를 해결했다.

고객 입장에서의 메리트도 빼놓을 수 없다. 고객은 매장에 들어와 눈에 보이는 김밥을 집어 계산대로 가지고 가면 끝이다. 김밥 단면에 드러난 속재료를 보고 맛을 짐작해 원하는 것을 선택할 수 있으므로 메뉴에 대한 설명도 필요 없다. 실제 리김밥 매장의 벽면에는 메뉴보드가 없다.

(3) 시스템이 달라지면 마케팅도 달라져야

쇼케이스 판매방식은 홀 판매 위주의 기존 김밥집들과는 시스템부터가 다르다. 시스템이 달라지면 마케팅도 달라져야 하는 법. 기존 판매 방식에 억지로 끼워 맞춘 시스템으로는 콘셉트 정립은 물론 마케팅과 매출 어느 것 하나 제대로 잡을 수 없다. 처음부터 시스템을 갖춰 놓고 이에 걸맞은 포인트를 찾아가는 것이야말로 똑똑한 브랜딩 전략이다.

(4) 끊임없는 실험 끝에 탄생한 시그니처 김밥

버섯파프리카김밥, 에담치즈김밥, 고다치즈김밥 등 다양하고 색다른 메뉴구성 또한 리김밥의 강점 중 하나다. 단품으로는 4500원, 반반 김밥류는 5500원까지 하는 높은 가격에도 불구하고 고급스러운 식재료와 뛰어난 품질 덕에 가격에 대한 불만을 제기하는 고객이 거의 없을 정도다. 인기 메뉴인 에담치즈김밥과 고다치즈김밥의 경우 국내 유통되는 모든 종류의 치즈를 100가지 이상의 조합으로 테스트해본 후 김밥에 가장 잘 어울리는 치즈를 찾아냈다. 지금은 대부분의 김밥브랜드에서 보편화된 매콤견과류김밥을 가장 처음 상품화한 것도 리김밥으로 알려져 있다.

리김밥 메뉴개발을 총괄하는 장인은 새로움과 다양성을 추구하되 기본적으로는 한국 전통의 맛을 기반으로 한다. 쇼케이스 시스템 특성상 모든 김밥은 4시간 판매원칙을 철저히 따른다. 제조 후 4시간이 경과한 메뉴는 쇼케이스 하단의 균일가 할인 코너로 이동, 1시간 동안 2500원 균일가에 판매한 후 전략 폐기한다.

리김밥은 가맹사업에 최적화한 프랜차이즈 모델 구축을 위해 리브랜딩에 가까운 브랜드 리뉴얼을 단행했다. 가장 먼저 브랜드명을 '압구정리김밥'에서 '리김밥'으로 교체하고, 인테리어는 어두운 남색에 금색을 더해 차분하면서도 세련된 유럽풍 스타일을 적용했다. 점포수가 증가 할수록 누구나 쉽게 알아볼 수 있으면서도 질리지 않는 톤&매너가 필요하다고 판단한 것이다. 기존 압구정 리김밥은 '압구정 본점' 직영으로 전환했다.

점포 규모는 33m²(10평) 두 가지를 기준으로 삼는다. 비교적 홀 규모가 넓은 압구정 본점과는 달리 그랩앤고 시스템에 충실하기 위함이다. 이에 따라 로드숍뿐 아니라 터미널과 몰, 백화점과 같은 특수상권에도 적극적으로 입점하겠다는 전략이다. 리김밥은 이미 가맹사업을 공식화하기 전부터 특수매장 MD가 입지와 점장까지 미리 선정해 입점을 제안할 만큼 특수상권에 최적화된 브랜드라는 평을 받고 있다.

다 년 간의 직영운영 노하우를 프랜차이즈에 녹여낸 만큼 눈에 보이지 않는 디테일도 여럿 숨어있다. 김밥에는 제조 직후 바코드를 부착해 모든 메뉴를 일일이 포스에 입력하지 않아도 계산과 매출정산이 가능하며, 바코드에는 제조시간 정보가 입력되어 있어 품질관리 또한 용이하다. '모든 김밥 4시간 판매원칙'을 고수하고 있는 리김밥은 창업 초기 수요예측에 익숙지 않을 점주들을 위해 판매시간이 경과해 폐기되는 손실분을 본사가 1개월 간 보존해주는 오픈 프로모션 도입 중이다.

(5) 소규모 매장으로 투자 대비 수익률 높여

리김밥 전체 매출 중 테이크아웃이 차지하는 비율은 높게는 80% 정도다. 테이크아웃 판매로 회전율을 높여 매출을 극대화하는 수익구조에 따라 소규모로도 운영이 가능하다는 것이 강점이다. 현재 두 가지 타입으로 가맹사업을 진행 중이며 창업비용은 각각 $33m^2$(10평) 8420만원, $49m^2$(15평) 9890만원 홀이 없는 테이크아웃 전용 매장의 경우 창업비용은 더욱 낮아진다. 또 오픈 전 진행되는 본사교육에는 추가비용 지불 없이 3명까지 참석이 가능해 점주와 직원이 사전에 손발을 맞춰보며 시뮬레이션을 해볼 수 있다.

사이드메뉴보다는 메인인 김밥 자체에 집중하는 것도 전략이다. 리김밥만의 가장 큰 특징은 반반김밥으로 하나의 가격으로 두 가지 김밥을 맛볼 수 있다는 것. 압구정 본점 시절부터 이슈가 되었던 반반김밥을 프랜차이즈에도 그대로 적용, 현재 가맹점 전체 매출의 절반 이상을 차지하는 인기메뉴로 자리 잡았다. 반반김밥은 두 가지 김밥의 평균 가격에 200원을 더해 프리미엄을 붙였다.

사이드메뉴는 떡볶이와 라면, 오뎅탕 세가지로 이마저도 전면에

내세우지는 않는다. 주방 운영이 편리해 점주들이 가장 좋아하는 부분 중 하나다. 대신 쇼케이스 판매가 가능한 음료를 다양하게 귀함으로써 객단가 하락분을 상쇄하고 있다. 현재 센트럴점과 스타필드점의 월평균 매출을 1.2억~1.2억원 정도다.

압구정 리김밥의 대표는 리김밥의 프랜차이즈화를 위해 외식전문기업 바인에프씨와 손을 잡으면서 대표직함을 버리고 R&D 총괄이사로 타이틀을 낮췄다. 사업 초반부터 리김밥에 많은 자문을 해줬던 것이 인연이 되어 한배를 탄 것이다. 이곳에서는 그녀를 '장인'으로 칭하며 김밥에 한해서만은 일임하고 있다.

압구정 리김밥 시절, 리김밥이 프리미엄 김밥으로서 제품력을 인정받으며 사업으로서의 가능성이 높아지자 당시 대표에게 파트너십을 제안해오는 이들도 많았다. 하지만 고객에게 리김밥을 선보이고 싶다는 희망도 잠시, 남은 것은 결국 상처와 배신뿐이었다. 파트너란 결국 가족이라고 생각한다. 대표는 리김밥 브랜드를 진심으로 아끼고 인정해주었다. 특히 리김밥에 시스템을 만들어주고 브랜딩해가는 아이디어가 놀랍다.

리김밥의 대표는 가맹사업을 준비하면서 무엇보다 브랜딩에 공을 들였다. 패키지 개발에서 VMD, 마케팅 포인트 등 모든 요소를 프랜차이즈 시스템에 맞춰 새롭게 짰다. 새로운 브랜드를 하나 만든 것이나 마찬가지라며 영국 프레타망제를 보고 많이 배웠다고 덧붙인다.

또한 이곳 장인의 가장 큰 관심사는 역시 김밥이다. 압구정 리김밥 시절부터 모든 메뉴를 직접 기획하고 만들고 관리한다. "장인이라는 칭호가 부담스러운 것은 사실이나 노력하는 개발자라는 자신감은 있다"며 "눈 뜨고 있는 대부분의 시간을 김밥만 생각하고, 느끼고, 만든다"며 일에 대한 애정을 드러낸다.

만들기 쉽고 먹기도 편한 김밥이야 말로 한식 세계화에 가장 적합한 아이템이라고 여기는 그녀는 향후 유럽 전역의 대도시에 김밥 가게를 하나씩 여는 것이 목표이다. 지나치게 개성 강한 음식보다는 햄버거나 샌드위치처럼 대중적인 음식이야말로 가장 좋은 글러벌 프랜차이즈 아이템이라고 생각한다. '먹히는' 콘셉트일수록 아류 브랜드가 줄을 잇기 마련, 하지만 그들은 '프랜차이즈에서는 후발주자이지만 프리미엄 김밥에서는 원조'라는 자신감이 있다.

그저 따라한다고 되는 만만한 시스템이 아니다. 압구정 본점 운영을 통해 쌓은 노하우와 검증된 맛으로 지금까지 없었던 멋진 브랜드를 만들 것을 약속한다.

5) 디자인 & 골라먹는 재미 '토핑밥' 〈바비박스〉

현재 총 30여개의 매장을 운영 중인 〈바비박스〉는 최근, 이른바 '핫'한 도시락 브랜드 중 하나다. 메뉴를 담아내는 패키지 용기와 스푼, 물티슈에서부터 컨테이너 박스를 연상시키는 매장인테리어 등에 이르기까지 젊은 층을 타깃으로 한 디자인, 그리고 브랜드를 명확히 알리는 콘셉트가 눈에 띈다.

메뉴구성에서도 이러한 차별성은 드러난다. 기존의 도시락 구성과 달리 '토핑밥'이라는 콘셉트를 내세웠다. 곤드레밥과 두부밥, 숯불고기밥, 치킨밥(각 2400원~3900원)등의 기본 토핑된 밥 메뉴에 스팸구이와 매운 말랭이, 계란프라이, 치킨튀김, 슬라이스 치즈(각 500원~1000원)등 10가지 토핑 중 마음에 드는 것을 골라서 추가할 수 있는 방식이다. 이처럼 원하는 토핑메뉴를 골라 먹을 수 있는 재밌는 〈바비박스〉만이 지닌 강점이기도 하다.

〈바비박스〉는 이 외에도 양념고기와 치킨튀김, 해물튀김 등을 브리또 형태로 만든 후 재미있는 패키지로 포장한 숯불고기랩, 치킨튀김랩, 오션랩(각3500원~3900원) 등의 메뉴를 통해 먹는 즐거움뿐만 아니라 먹는 방식의 즐거움까지 선사해주고 있다.

(1) 조리과정은 2~3분 내외, 운영 효율성 UP

양념 레시피와 각종 식재료는 반조리 상태로 각 가맹점에 공급, 각 매장에서는 밥 위에 토핑메뉴와 소스를 올리기만 하면 완제품을 낼 수 있다. 이 모든 조리과정은 2~3분 내외, 1~2인의 주방인력만으로도 100~200인분을 충분히 만들어 낸다. 그만큼 간편하고 효율적인 오퍼레이션을 가능케 하고 있는 것.

현재 264.46m²(80평) 규모인 〈바비박스〉 논현 대표점의 경우, 숯불고기밥(5500원)과 돈까스밥(5600원) 메뉴가 많이 판매되고 있으며 전체 매출 중 테이크아웃과 배달이 차지하는 비중은 60%내외. 일평균 매출을 200만원 선이다.

6) 웰빙·건강식 시장을 선점한 〈테이크아웃 샐러드〉

(1) 건강과 웰빙을 키워드로 20~30대 여성고객에 어필

〈샐러디〉는 치킨과 두부, 계란, 연어, 그리고 각종 채소와 곁들인 아이템으로 젊은 층, 특히 20~30대 여성고객들에게 딱 적합한 메뉴 구성을 취하고 있다. 지난 2013년 10월, 선릉점을 처음으로 오픈한 〈샐러디〉는 현재 역삼점과 판교점, 연세대점, 경희대점 등 총 5개의 매장을 운영 중이며 직영점은 3개로 2016년부터 본격적으로 가맹점

모집에 나섰다.

〈샐러디〉의 강점은 3가지로 정리된다. 우선, 국내 시장에서 샐러드와 관련된 테이크아웃 브랜드가 없다는 점, 건강과 웰빙을 키워드로 한 아이템으로써 20~30대 여성고객들에게 어필할 수 있다는 점, 그리고 매장 내에서 불을 사용해 조리하지 않기 때문에 주방시설에 들어가는 초기 투자비용이 없다는 점 등이 강점으로 꼽힌다.

(2) 모든 메뉴는 1분 안에 제공 가능, 매장 관리도 간편

〈샐러디〉의 메뉴구성은 크게 랩&샌드와 샐러디로 구분되는데, 랩&샌드 메뉴로는 치킨랩과 멕시칸랩(이상 5000원), 치킨 토마토 샌드(4500), 에그 베이컨 샌드(4300원), 연어 어니언 샌드(5300원) 등이 있으며 샐러디 메뉴로는 치킨샐러디와 스윗샐러디, 에그샐러디 등 4100원~6200원의 가격대로 구성이 되어 있다.

채소에 토핑을 얹어 내기만 하면 되기 때문에 전문적인 기술이 필요치 않고, 실제로 모든 메뉴는 1분 안에 제공이 가능하다. 게다가 다양한 채소에 각양각색 드레싱까지 곁들여 먹을 수 있어 건강식으로써도 충분히 매력적이며 〈샐러디〉의 주재료인 채소는 공급업체와의 연간계약을 통해 언제나 안정적인 가격으로 받을 수 있다.

7) 색다른 메뉴, 다양한 선택 〈오봉도시락〉

전국 140여개의 매장을 가지고 있는 〈오봉도시락〉은 2002년 육가 공기업에서 시작돼 지금까지 발전해 오고 있다. 도시락전문점이라고 생각하기 어려울 정도로 다양하고 개성 있는 메뉴들이 가득한 〈오봉도시락〉은 자체적인 물류 시스템을 구축하고 있어 관리 와 변수에 대한 대처도 가능해 점주들에게 신뢰받고 있다.

(1) 1~2인 가구의 확대를 예측한 브랜드

〈오봉도시락〉의 전신은 육가공업체로, 사세 확장을 위해 물류 및 유통 역량을 바탕으로 할 수 있는 여러 업종을 고민했다. 그러던 중 앞으로 1~2인이 소형 가구가 늘어날 것이라고 예상해 〈오봉도시락〉 이 론칭되었고, 입소문을 타고 인기가 점점 높아지면서 지금까지 140여개의 매장을 오픈할 수 있었다. 본사는 좋은 아이템을 더욱 널 리 알리기 위해 홍보도 아끼지 않았다. 〈오봉도시락〉은 예전에는 스 포츠 관련 후원을 많이 하고, 최근은 드라마 위주로 하고 있다. '조 선총잡이', '사랑만 할래', '용팔이' 외에 지금은 '구름이 그린 달 빛' 협찬을 했다. 다행히도 매번 협찬하는 드라마가 인기가 있어서 효과가 좋은 편이었으며, 앞으로는 드라마 협찬 외에 〈오봉도시락〉

을 알릴 수 있는 다양한 방법을 찾아보고 있다.

도시락 특성상 매출의 많은 부분이 개인보다는 단체에 있다. 생각하는 이상으로 단체 주문의 종류가 다양하기 때문에 점주들의 매출은 높을 수밖에 없다. 학교나 관공서 등의 각종 모임은 물론, 시위 현장에서 전경들이 대기하며 먹는 도시락까지 만들 정도로 그 수요가 다양하다. 가격이 저렴하게 형성돼 있어 개인에 소비하기에도 부담이 적지만, 단체를 주 소비자층으로 가지고 있어 경기가 어려워도 매출에 크게 영향을 미치지 않는다.

(2) 100여 가지의 다양한 메뉴군

〈오봉도시락〉의 가장 큰 장점은 바로 다양한 메뉴군이다. 보통 도시락은 밥과 반찬 위주로 되어 있어 한계가 있을 수밖에 없다. 그러나 〈오봉도시락〉은 컵밥부터 시작해 격식 있는 자리에서도 가능한 고급 도시락까지 70여개의 다양한 도시락을 만날 수 있다. 사이드 메뉴나 간식까지 포함한다면 100여 개가 넘을 정도. 특히 각 도시락에 서울도시락, 대전도시락 등은 물론 산 등 명소의 이름을 붙였다는 것이 인상적이다. 뿐만 아니라 각 매장마다 유니세프의 '사랑의 모금함'을 비치해 두고 성금을 모아 전달하면서 사회 공헌의 노력까지 함께하고 있다.

수도권은 물론 호남, 영남 그리고 제주도까지 물류센터가 구축돼 있는 것도 〈오봉도시락〉의 장점이다. 주말을 앞두고 갑자기 대량 주문이 들어올 경우에도 시간에 맞춰 필요한 재료를 매장으로 보내줄 수 있기 때문이다. 가끔 주말에 대형 주문이 들어올 때면 본사에서 직접 재료를 싣고 매장으로 나가서 함께 일하기도 한다. 아무래도 갑작스런 주문이라 매장에서 소화하기에는 한계가 있으니까 힘은 들지만 〈오봉도시락〉이 더 많은 소비자와 만나면 뿌듯함을 느낄 수 있어 즐겁다.

(3) 반조리 상태의 편리한 식재료

자주 먹는 메뉴일수록 신메뉴는 필수다. 〈오봉도시락〉은 도시락이라는 틀에서 벗어나 더욱 다양한 메뉴를 만들었다. 계절메뉴로 여름에는 냉모밀, 겨울에는 김치찌개, 육개장, 짬뽕탕 등을 만들거나 리뉴얼하면서 고객이 선택할 수 있는 폭을 더욱 넓힌 것이다. 메뉴가 다양하다고 해서 점주나 직원의 일이 더 힘들어지는 것이 아니라는 것도 〈오봉도시락〉의 특징이다.

메뉴에 들어가는 계란후라이, 지단, 김치볶음 등은 반조리 상태로 매장에 공급한다. 손도 많이 가고 예쁘게 만들기가 쉽지 않기 때문이다. 팩으로 공급하기 때문에 매장에서 조리를 할 때도 편리하다.

또 메뉴가 100여개라고는 해도 일치하는 부분이 많기 때문에 어렵지 않게 배울 수 있다. 때문에 좀 더 쉽게 매장을 운영할 수 있는 프랜차이즈를 선호하는 예비창업자들에게 매우 좋은 반응을 얻고 있다. 〈오봉도시락〉에서 가장 힘든 요리는 밥 하는 것이라고 말하기도 한다. 물론 쌀 역시 씻어 나온 쌀을 쓰기 때문에 점포에서 편하게 사용할 수 있다.

본사는 점주에게 건강한 재료를, 점주는 소비자에게 좋은 제품을 전달하다 보면 자연스럽게 매출이 높아질 것이고, 그렇게 점주와 본사가 발전하는 것이 〈오봉도시락〉의 목표다. 앞으로 목표는 좀 더 전문적인 물류 시스템을 구축하는 것이다. 바르고 신선한 먹거리를 점주와 소비자에게 전달하기 위해서는 지금보다 더 전문적인 유통시스템이 필요하기 때문이다. 지금까지 해왔던 것처럼 꾸준히 발전하면서 앞으로도 〈오봉도시락〉이 가진 개성만점의 메뉴를 지켜나갈 것이다.

8) 따뜻한 도시락이 전하는 진심 〈호토모토〉

1인 가구의 증가와 혼밥족이 늘면서 도시락으로 한 끼 식사를 해결하는 소비자들이 점점 증가하고 있다. 여기에 혼자라도 맛있게 제대로 먹자는 의식이 생겨나면서 고품격 도시락 브랜드가 인기를 끌고 있다. 그중 〈호토모토〉는 프리미엄 도시락 시장을 이끌고 있는 브랜드다. 집밥의 따뜻함을 담은 도시라. 본격적인 가맹사업을 시작한 〈호토모토〉의 비상이 시작됐다.

(1) 엄마의 정성이 담긴 도시락

〈호토모토〉는 고품격 프리미엄 도시락으로 합리적인 가격에 높은 품질의 도시락을 제공하는 브랜드다. '따뜻한 도시락'이라는 뜻의 브랜드 명은 정성이 담긴 도시락을 제공한다는 의미를 담고 있다.

한국의 〈호토모토〉는 일본의 〈호토모토〉를 운영하고 있는 플레너스사와 한국의 동원수산이 합작해 만든 푸드서비스를 통해 운영, 관리되고 있다. 플레너스사는 1976년 사업을 시작해 일본 내에만 2700여개의 점포에서 연간 3억개의 도시락을 판매하고 있고, 〈야요이켄〉과 〈엠케이레스토랑〉의 브랜드로 미국과 태국 등 해외에 약 600여개의 매장을 운영하고 있다.

일본의 〈호토모토〉와 한국의 〈호토모토〉의 메뉴는 80%가량 동일하다. 메뉴는 같더라도 한국인의 입맛에 맞게 짠맛과 매운맛의 강도 등을 조절해 메뉴 개발을 하고 있다. 〈호토모토〉점포의 콘셉트는 '테이크아웃', '잇트인', 그리고 '배달' 세 가지의 패턴으로 나뉜다. 점포는 약 12평 정도로 7~8개의 좌석을 갖추고 있다.

현재 직영점 3곳(선정릉역점, 명동점, 서울역점)과 가맹점 4곳(건대점, 구로디지털단지점, 상암DMC점, 마포공덕점)을 운영하고 있다. 〈호토모토〉는 명동과 선정릉 같은 오피스 상권, 마포의 원룸 지역 등 다양한 상권에 위치하고 있다. 1인 가구나 직장인들의 수요가 많기 때문에 배달보다는 테이크아웃과 잇트인의 이용고객이 많다. 또한 각 점포마다 유동인구, 상권, 고객 특징 등을 고려해 매장의 규모나 인테리어, 메뉴구성을 조금씩 달리하고 있다. 건대점의 경우 건대 더 클래식 500에 위치한 이유로 중장년층의 고객을 위한 '골고루고등어야끼'의 메뉴를 추가 구성하기도 했다.

(2) 먹거리의 안전과 신선도를 최우선으로

〈호토모토〉는 '안전'에 대한 중요성을 강조한다. 건강하고 안전한 먹거리를 위해 도마와 칼을 재료의 종류별로 나눠서 사용하고 있다. 채소 조리 시 파란 도마와 파란 손잡이 칼을, 튀김 육류는 빨간 도마와 빨간 손잡이 칼, 기타 재료는 초록색 칼과 도마를 사용하는 것을 원칙으로 한다. 또한 일반적인 도시락전문점과 달리 주문 즉시 제조하는 방식을 채택했다. 카라아게의 경우 주문을 받고 그때부터 생고기를 반죽에 묻혀서 튀긴 후 제공한다. 야끼소바도 주문 즉시 볶아 좀 더 따뜻하고 신선한 재료 본연의 맛을 느낄 수 있다. 또한 테이크아웃 고객이 많은 특성상 소비를 권장하는 시간을 표시해 안전하게 먹을 수 있도록 '소비기한'을 표시, 부착했다. 매뉴얼은 청소, 위생 품질 관리 등 6가지로 세분화하고 재료는 '보관기한' 스티커를 부착해 철저하게 관리하고 있다. 이는 건강한 음식을 제공하기 위한 〈호토모토〉만의 노력이자 고객과의 약속이기도 하다.

(3) 10년을 함께 할 수 있는 가맹점

〈호토모토〉는 꼼꼼한 본사의 교육과 관리로 처음 사업을 시작하는 가맹점주도 원활한 점포운영이 가능하다. 안정적인 운영을 위해 1~2주간 본사의 담당자가 직접 현장에서 함께하며 경영노하우, 음식 관련지식과 접객 방법 등을 교육한다. 또한 가맹점주의 부담을 줄이기 위해 점주는 입장에서 재고관리, 품질관리 등의 실습을 진행한다. 〈호토모토〉는 단순히 가맹점을 늘리는데 목표를 두지 않고 가족이 늘어난다는 마음으로 성공적인 운영을 위한 철저한 교육과 지원을 아끼지 않는다. 〈호토모토〉가 가장 중요시 여기는 것은 가맹본부와 최소한 10년은 함께 할 수 있는 가맹점을 만드는 것이다. 꾸준한 계약 연장을 통해 가맹본부와 가맹점이 함께 성장해나가는 것을 목표로 하고 있다. 계약이 진행한 후의 연수기간에는 실무위주의 교육이 진행된다. 본사의 매뉴얼을 숙지하고 서비스와 마인드, 매출에 대한 원가율이나 인건비 계산, 클레임의 처리방법 등의 교육이 진행된다.

〈호토모토〉는 2018년에는 더욱 적극적인 가맹사업을 진행할 계획이다. 급하지 않게, 신중하게 〈호토모토〉의 가족을 늘려나갈 계획이며, 약 100여개의 가맹점오픈을 목표로 하고 있다.

9) 고객 라이프스타일에 맞춘 스마트한 〈올찬도시락〉

'바쁜 일상, 맛있는 쉼표 하나!'를 슬로건으로 내걸고 있는 〈올찬도시락〉은 단순한 도시락전문점을 넘어 현대인의 라이프스타일이 오롯이 담길 질적 편의 먹거리 복합매장을 지향, 차별화된 콘셉트로 주목받고 있는 젊은 브랜드다.

(1) 효율성 살린 맞춤형 매장 형태로 다양하게 변주 가능

올찬도시락은 테이크아웃형과 익스프레스형으로 매장의 형태를 구분해 가맹점주가 원하는 콘셉트로 창업이 가능하도록 돕고 있다. 효율성을 극대화한 매장 형태로 가맹점주의 요구에 맞춰 다양하게 변주가 가능한 것이 특징이다.

올찬도시락은 상권이나 입지에 맞춰 본사에서 서포트하는 내용을 구체화한 것이 브랜드의 강점이다. 특히 매장형태를 구분해 테이크아웃형의 경우 홀을 겸비한 서비스형 매장으로 올찬에서 지향하는 복합 먹거리 매장으로서의 장점을 극대화했으며, 익스프레스형의 경우 배달과 포장 위주의 영업에 적합하게 최소 규모의 주방형 매장으로 구축, 별도의 인력 없이도 최소 인원으로 운영이 가능해 소자본 창업이 용이하도록 했다. 여기에 인테리어 역시 젊은 감각으로 중무장해 시너지를 극대화했다.

가치소비 시대에 인테리어는 매우 중요하다고 판단했다. 특히 카페형 매장 콘셉 등을 걸맞게 깨끗하면서도 아늑한 분위기를 연출하는데 포인트를 뒀다. 여기에 흰색과 하늘색을 주 컬러 포인트로 사용해 올찬이 지향하는 따뜻한 정갈함을 표현했으며, 집이 연상되는 외관을 접목해 편안함을 극대화했다.

(2) 정성과 내실 더한 맞춤형 수제한식도시락

2016년 9월, 첫 선을 보인 〈올찬도시락〉은 회의용, 행사용 맞춤 수제도시락을 전문으로 하는 브랜드로 현재 여의도와 종로, 망원점을 운영하고 있으며, 7월 중 삼성점을 추가로 오픈하였다.

이곳에서는 흔히 볼 수 있는 중저가 도시락 브랜드와 달리 도시락의 가격을 고가와 저가로 양분하고 상권별로 메뉴를 유연하게 구성,

맞춤형 전략을 펼치고 있는 것이 특징이다. 여기에 메인이 되는 특선도시락 외에도 아침메뉴로 죽과 샐러드를, 채식주의자들을 위한 콩단백불고기, 콩단백돈가스, 콩단백치킨 등 채식도시락 메뉴를 추가하는 등 틈새고객을 공략한 메뉴 전략도 눈길을 끌고 있다.

현재 올찬도시락에서는 총 40여 종의 메뉴를 제공하는데 수제도시락을 표방함에도 불구하고 이러한 다(多)메뉴 전략이 가능한데는 본사가 브랜드 론칭 이전에 일찌감치 일일 5000개 이상을 준비할 수 있는 센트럴키친(CK)을 완비해 놓은 덕분이다.

올찬도시락은 본사에는 단순 도시락 외에도 대형 케이터링 서비스가 가능할 정도로 숙련된 조리인력들과 연회 담당 플래너들이 준비돼있다. 이는 고객들이 원하는 예산과 메뉴를 맞춰 다양한 형태로 서비스가 가능한 것이 올찬의 가장 큰 경쟁력으로 작용한다.

(3) 다양한 플러그인 매장으로 고객만족과 매출상승 동시에

차별화된 메뉴 전략 외에도 올찬도시락이 주목받고 있는 결정적 이유는 다양한 플러그인 매장을 도입, 먹거리 복합매장을 지향한다는 점이다. 올찬도시락 측은 기업의 주요가치인 상생을 바탕으로 규모는 작지만 내실 있는 다양한 브랜드들과의 전략적 업무제휴를 꾸준히 확대해 나가고 있다.

실제로 현재 올찬도시락 매장에서는 대만의 버블티 브랜드인 〈티즈데이〉가 플러그인 형태로 입점, 매출 상승효과를 제대로 내고 있다. 본사 관계자에 따르면 티즈데이 입점 이후 전 매장의 도시락 매출 역시 30%이상 증가했다고 한다. 티즈데이의 성공적인 합류에 이어 7월 중순부터는 성미산 협동조합의 일원인 유기농 반찬 전문점 〈동네부엌〉이 올찬도시락과 하게 할 계획이다. 이미 양사간 업무협약(MOU)이 완료된 상태로 동네부엌의 친환경 반찬들은 올찬도시락 매장 내 냉장 진열대에서 만나볼 수 있게 된다.

올찬도시락은 앞으로도 이러한 전략을 통해 고객들에게는 더욱 다양한 질적 편이를 제공하고 가맹점주들에게는 매출상승을 위한 수익모델을 다각화하는 데 주력 하고 있다.

(4) 천편일률적인 창업설명회는 가라! 올찬의 도시락〈토크콘서트〉

젊은 기업답게 올찬도시락에서는 특별한 창업설명회를 개최하고 있다. 월 1회 직원 교육의 장, 고객과의 소통의 장으로 운영하고 있는 도시락토크콘서트가 바로 그것이다.

도시락토크콘서트는 매달 각계 CEO, 프랜차이즈 전문가 등 외식 및 창업과 관련한 다양한 인사들을 초청해 도시락을 먹으며 편안하게 강연을 들을 수 있을 뿐 아니라 패널들과의 질의응답 시간을 통해 더욱 리얼한 성공담과 사업 에피소드를 자세히 들을 수 있어 큰 호응을 얻고 있다. 창업에 관심이 있는 남녀노소 누구나 차석 가능하며 특히 올찬도시락 창업을 희망하는 예비 가맹점주들은 자연스러운 분위기 속에서 올찬의 경영이념 및 교육시스템 등 전반적인 분위기를 알 수 있는 좋은 기회다.

(5) 성공 점포를 만드는 메가프랜차이즈로의 도약

실속과 역량을 겸비한 신규 수제한식도시락 브랜드가 창업시장에 활기를 불어넣고 있다. ㈜이프유원트에서 신설된 가맹사업 별도 법인 ㈜비빔밥코리아가 〈올찬도시락〉을 지난 2016년 론칭해 도시락 시장에 새바람을 불러오고 있다. 홍대에만 독립 직영점을 9개 운영하고 있는 ㈜이프유원트, 어느 날 30년간 홍대앞을 지키던 유명 제과점이 하루아침에 대기업 프랜차이즈에 밀려 폐점하는 사례를 보며 브랜드의 중요성을 절감했다. 그동안 홍대에서 '우리들만의 리그'를 위해 외식업을 펼쳤다면, 향후에는 프랜차이즈 브랜드로서 역량을 가지고 그들의 더 큰 미래를 만들어 나가기로 한 것이다. 그 첫 발로 수제한식도시락 〈올찬도시락〉이 동여의도점 본점에 이어 마포점과 청계천점 문을 열고 고객들 반응에 바짝 긴장하고 있다.

(6) 새내기 프랜차이즈 군단 〈올찬도시락〉

예비창업자들이 창업을 앞두고 가장 주목하고 있는 것은 프랜차이즈 가맹점의 브랜드력이다. 그들은 시장에서 이미 검증된 브랜드력이 있는 프랜차이즈 브랜드를 선호한다. 이는 소비자가 브랜드에 대해 이미 전폭적인 신뢰를 보낸다는 의미다. 전 직원의 평균 나이 29.7세의 ㈜비밤코리아. 자사만의 프랜차이즈 브랜드 역량을 키워나가기 위해 프랜차이즈 시장에 뛰어든 당돌한 '새내기 프랜차이즈 군단'이다. 하지만, 그 어떤 프랜차이즈 본사보다 기본기를 탄탄히 다지면서 자신들만의 역량을 키워나가는데 사력을 다하고 있다. ㈜비밤코리아는 ㈜이프유원트에서 신설한 가맹사업 별도 법인으로 실질적인 수장인 방수준 본부장을 중심으로 한 프랜차이즈 본부를 운영해오고 있다. ㈜비밤코리아 는 프랜차이즈의 첫 브랜드로 〈올찬도시락〉을 하기까지는 나름의 우여곡절이 있었다. 현재까지 프랜차이즈화가 잘 이루어지지 않은 분야이면서도 비전 있는 업종을 선별하다 보니 반찬전문점이 레이더망에 걸렸다. 하지만, 반찬전문점은 메뉴개발이나 식품유통 측면에서 너무 많은 공정 과정이 요구되었고, 이에 따라 '밥' 을 메인으로 하는 도시락에 중지를 모을 수 있었다.

(7) 직영점과 가맹점의 차별화 운영전략 모색

〈올찬도시락〉은 '가맹점의 직영화'를 슬로건으로 가맹점과 직영점을 차별화해서 운영할 생각이다. 직영점은 중고가 도시락을 겨냥한다면 가맹점은 중저가를 콘셉트로 중심상권 주변이나 학교, 학원가 등을 공략할 방침이다.

중고가 도시락 시장도 오랜 시장조사 결과 도시락의 퀄리티를 원하는 고객층의 가능성을 보고 시장을 타진하게 됐다. 즉, 패밀리레스토랑의 경우 도시락 매출이 20%가량 차지하는 경험을 볼 때, 고가의 도시락이었지만, 그 수요가 충분히 있다는 것을 인식할 수 있었다. 고가 도시락 전문시장도 충분히 승산이 있다고 판단한 것이다. 패밀리레스토랑보다 20~30%낮은 가격대의 한식수제도시락은 충분히 비전이 있을 것으로 내다본 것이다.

지난 2016년 9월에 문을 연 여의도 1호점의 경우 겨울이 비수기인데도 꾸준히 매출 상승세를 타고 있다. 〈올찬도시락〉은 CK공장도 4명의 메뉴개발 인력을 두어 단순히 OEM을 통한 물류 및 공장개념이 아닌 식재료와 레시피의 품질을 위해 직원들이 직접 식재료를 공수하고 메뉴를 개발하고 있다. 〈올찬도시락〉은 탄탄한 가맹점 운영을 위해 직영점 3곳을 운영해 본 뒤 본격적인 가맹사업에 나서고 있다.

(8) 도시락을 근간으로 한 다양한 사업모델 구축

㈜비빔코리아는 ㈜이프유원트의 직영점 사업군에서도 사업비전이 있는 브랜드는 프랜차이즈로 수익모델을 꾸준히 개발하고 있다.

모회사인 ㈜이프유원트의 직영브랜드인 〈곱창의조건〉, 〈바로튀김〉, 〈에프터텐미닛〉들의 프랜차이즈화가 가능한 사업군으로 물망에 오르고 있다. 이 외에도 다양한 사업모델을 펴나갈 생각인데 일반 고객을 대상으로 한 월간 식단개발과 온라인 쇼핑몰운영, 식재료 배송과 물류사업, 반찬 쇼케이스를 통한 반찬 진열 판매, 모임 및 파티문화에 적합한 케이터링 사업, 점포 주변의 회사를 대상으로 한 직원식 제공 등이 그것이다. 도시락 브랜드를 근간으로 해 다양한 사업모델을 구축해 나가 브랜드를 통한 시너지 효과를 높일 생각이다.

사업은 점포에서 동일하게 적용되는 것이 아닌, 각 지역 상군 특성에 따라 다르게 적용해 집중도를 높여나갈 계획이다. 주문 즉시 조리되는 수제한식도시락은 특선도시락(1만900~1만7900원), 세트도시락(5700~7900원), 간단메뉴(3000~6900원)등 30여 가지에 이른다. 또 기존 도시락이 배달에 인색했던 것에 반해 1만원이상 주문고객에게는 배달도 가능하다. 재미있는 것은 오픈행사로 점포 주변의 지인 500명에게 무료도시락을 제공하는 이벤트다. 직영점뿐만 아니라 가맹점에서도 꾸준히 펼쳐지며, 본사로부터 비용과 인력을 100% 지원

받아 이루어진다. 오픈기념 전단지도 본사 직원들이 직접 배포해 고객들과의 소통을 고스란히 업무에 적용한다. 이러한 문화는 향후에도 꾸준히 지속될 것이며, 직원 모두 즐겁게 응하는 모습에서 ㈜비밤코리아만의 독특한 문화가 엿보인다.

(9) 열정을 함께 할 예비창업자와 비전 만들 것

㈜비밤코리아는 '메가프랜차이즈'를 꿈꾸는 예비창업자들을 희망하고 있다. 젊고 역동적인 기업답게 본부와 한 몸이 될 예비가맹점주들을 기다리고 있다. 비전을 읽고 열정을 함께할 젊은 창업자를 희망한다. 모기업인 ㈜이프유원트의 직영점 점장들이 모두 사장처럼 일하듯 가맹점주 또한 명확한 목표의식과 열정을 다해 일할 수 있는 패기 넘치는 가맹점주를 기대하고 있는 것이다. 특히 입지를 먼저 선택한 후에 적합한 아이템을 입점 시키는 방식으로 프랜차이즈를 펴나갈 생각이다. 이것이 바로 다양한 직영 브랜드와 프랜차이즈 브랜드를 가진 회사의 역량이다. 무조건 창업을 위한 입점이 아닌, 영업이 잘되고 성공하기 위한 점포를 만들기 위함이다. 이어 '회사의 무게중심은 확연히 사람에 있다며 이런 독특한 회사의 운영방식은 직원들에게 초창기엔 비전 없는 회사처럼 비춰졌지만, 매월 60여명의 직원들이 모여 자신의 진솔한 이야기들을 쏟아 붓는 등 진심으로

소통하는 분위기가 형성됐다. 직원 모두가 주인의식을 가질 수 있도록 자율에 맡겼고, 이것이 직원들을 춤추게 한 것이다.

(10) '초능력 발전소', 성공 가계를 만드는 원소!

㈜이프유원트와 ㈜비밤코리아는 독특한 기업 운영방침으로 화제다. '초능력 발전소'라는 슬로건을 바탕으로 매장기획부터 운영과 마케팅까지 모든 초능력을 키워주는 스터디 그룹 방식의 운영이다. 또 '팀장방학' 제도는 팀장들이 1년에 무조건 한 달간 유급휴가를 가야하며, '5000 뱅크'는 최대 100만원 한도 내에서 본인이 정한 돈을 매달 회사에 저축할 수 있다. 이는 3년 만기를 채울 경우 50%의 이자가 붙는다고. 직원들을 위한 각종 투자정책과 그에 따른 이익 인센티브정책, 자유롭고 창의적이며 가족 같은 기업문화, 전 직원들을 향한 집중적이고 꾸준한 교육을 통해 "하고 싶은 일을 함으로써 우리가 하고 싶은 일을 할 수 있게 한다"는 비전을 심어주고 있다.

한편, 가맹점주들도 대부분 본사의 정책에 따라가야만 하는 기존 프랜차이즈 방식이 아닌 본사가 유기체가 되어 가맹점주들이 자신의 능력을 십분 발휘할 수 있도록 브랜드를 변형시켜주자는 재미있는 이론을 펴고 있다. 이 모든 것들이 좋은 매장이 아닌 '성공하는 매장'을 만들기 위한 ㈜비밤코리아만의 성공가게를 만드는 '원소'다.

이를 위해 예비가맹점주들과 점포 계약 및 오픈 전에 함께 캠핑을 가서 진한 소통을 미리 나누는 방법도 생각하고 있다. 점포 개점에 있어서도 물류마진이나 개설 마진으로 회사를 살찌우는 것이 아닌, 점주의 철저한 교육과 인큐베이팅 기업컨설팅 의미로 다가서고자 한다. 가맹점주가 스스로 움직이고 능동적으로 사업을 펼 수 있도록 가이드를 해줄 수 있는 본사가 되고자 한 것이다.

상생이란 뜻의 심비오시스(Symbiosis)는 비밤코리아의 경영이념이다. 〈올찬도시락〉의 고객, 직원, 가족점주들, 그리고 협력업체까지 모든 주체가 같이 공생할 수 있는 진정성 있는 브랜드를 만드는 것이 진실된 바람이다.

㈜비밤코리아는 2018년까지 30개점의 가맹점포를 목표로 하고 있으며, 직영점처럼 실속점포가 될 수 있도록 사활을 걸 방침이다. 하나의 독립된 사장, 독립된 사업자들을 진정으로 서포트해 주는 본사, 가맹점주의 고민을 해결하고 그들의 벗이 되어 성장하기를 희망한다. 함께 호흡하고 비전을 만들어 나가고자 하는 프랜차이즈 업계의 '당돌한 프랜차이즈 새내기 군단' 의 비전을 보면, 기업형 외식업체 인력으로 구성된, 젊고 믿을 수 있는 프랜차이즈 본사 직원들의 맨파워다.

부록

창업 및 업종 전환, 신규사업 가이드

〈표 1〉 외식산업의 구성요소

외식산업의 구성요소				
가격	식음료	인적서비스	물적서비스	편리성

〈표 2〉 외식기업 경영형태의 장·단점

방법 / 구분	초기투자	경험도	사업운영 책임도	실패율	재정 위험도	보상
직영	높다	높다	높다	높다	높다	높다
가맹	보통 이하	최저	보통	보통	보통	보통 이상
인수	보통	높다	높다	높다	높다	높다
위탁	없음	보통 이상	보통	보통	보통	보통 이하

〈표 3〉 업종별 분류

외식산업	음식중심	일반음식점	일반음식점	한식점
				일식점
				양식점
				중식점
				기타
			특수음식점	열차식당
				항공기내식당 기내사업
				선박 내 식당
			숙박시설 내 음식점	호텔 내 식당
				리조트,콘도,여관 내 식당(1970년 이전)
		단체음식	학교	초,중,고,대학
			기업	구내식당
			군대방위시설	군대
				전투경찰
				경찰
				교도소
			병원	구내식당
			사회복지시설	연수원
				양로원
				고아원
	음료중심		찻집,술집	커피전문점
				호프집
				술집(대중유흥업소)
			요정,바	요정
				바
				카바레
				나이트클럽, club

〈표 4〉 한식의 유형별 종류

품목	세부종목	품목	세부종목
해물류	조개찜 조개구이 게찜 바닷가재찜 낙지볶음 굴회 오징어볶음	전류	파전 빈대떡 모듬전 오코노미야키
생선류	갈치구이 코다리찜 광어회 장어구이 장어 직화 장어양념구이	국물류	된장찌개 부대찌개 청국장 순두부 북어국
육류-쇠고기	쇠고기등심 쇠고기갈비 쇠고기 불고기 쇠고기 샤브샤브	디저트류-빵	샌드위치 초콜릿 케이크 와플 바게트
육류-돼지고기	돼지고기 삼겹살 돼지갈비 돼지등갈비	디저트류-음료	생과일주스 아이스크림 빙수 생과일 요거트 스무디
육류-닭고기	닭튀김 삼계탕 닭강정 닭갈비	디저트류-커피	커피 북카페 애견카페 키즈카페
육류-족발	족발 냉족발 오븐구이족발 쌈족발	출장음식	도시락 제사음식 홈파티
면류	자장면 짬뽕 냉면 잔치국수 메밀	주류	소주 맥주 생맥주 와인 막걸리
탕류	갈비탕 샤브샤브 설렁탕 삼계탕 매운탕	분식류	순대류 튀김 떡볶이 우동 김밥
한식	비빔밥 패쌈밥 영양밥 김밥 죽	뷔페류	패밀리뷔페 해산물뷔페 고기뷔페 샐러드뷔페 디저트뷔페 채식뷔페

〈표 5〉 외식업계 업종별 트렌드 핵심 (키워드)

창업할 수 있는 외식 종목들 간 콜라보레이션(모둠+조합) 메뉴

업종	키워드	상세 키워드
한식	건강한 삶과 간편식 시장확대	4S(safety, show, self, single), 건강, 간편식, 유기농, No MSG, 오픈키친, HMR
패밀리 레스토랑	감성을 추구하는 융복합화	콜라보레이션, 감성, 시장 다각화, 초니치 마켓
치킨	카페형 매장과 스포츠 마케팅	가치소비, 힐링, 프리미엄, 싱글족, 치맥 스포츠 마케팅, 간편식, 안전, 차별화, SNS
주점	복고와 엔도르핀 디쉬	복고, 감성, 소형화, 차별화, SNS 콜라보레이션, 인테리어, 합리적 가격
커피	고급 원두와 부티크 매장	웰빙, 건강한 재료, 소형화, 전문화, 차별화, 콜라보레이션, 고급화, 부티크, 복고, 인테리어, 사회공헌, 해외진출
피자	웰빙과 프리미엄의 합리적 소비	웰빙, 고급화, 합리적 가격, 안전·안심, 스포츠마케팅, 복고·향수, 엔도르핀 디쉬, 콜라보레이션, 소형화, 건강한 재료, 싱글족
이탈리안 레스토랑	착한 소비와 건강한 식생활	착한 소비, 오가닉, 건강, 와인
분식	합리적인 가격과 콜라보레이션	콜라보레이션, 소형화, 프리미엄, 합리적 가격, 소량화, 간편식, 싱글족
패스트푸드	안전하고 합리적인 가격	합리적 가격, 간편식, 싱글족, 안심·안전
디저트	매스티지족의 진정성	콜라보레이션, 건강한 재료, 진정성, 유기농, 프리미엄, 인테리어, 독창성

〈표 6〉 소비자 유형별 기호와 변화

소비자 진화 양상 단계 ▼	새로운 소비자 집단 ▼
마담슈머(Madame + Consumer) 구매 결정권을 가진 주부들의 시각에서 제품 평가	**바이슈머(Buy + Consumer)** 해외에서 판매되는 물품을 직접 구입하는 소비자 (직구족)
⇩ **트라이슈머(Try + Consumer)** 기존 정보에 의존하지 않고 제품을 직접 써본 뒤 평가	**모디슈머(Modify + Consumer)** 제조업체에서 제시하는 방식이 아닌 자신만의 방법으로 재창조 해내는 소비자
⇩ **크리슈머(Creative + Consumer)** 신제품 개발이나 디자인, 서비스 등의 문제에 적극 개입해 의견을 제시	**스토리슈머(Story + Consumer)** 기업에 제품과 관련된 자신의 이야기를 적극적으로 알리는 소비자
⇩ **프로슈머(Producer + Consumer)** 제품의 생산단계에 직접 관여하거나 소비자가 생산까지 담당	**쇼루밍족(Showrooming)** 오프라인 매장에서 제품을 보고 온라인을 통해 저렴하게 구매하는 소비자(실속 중시) VS **역쇼루밍족(Reverse Showrooming)** 온라인에서 검색을 통해 제품을 결정한 뒤 오프라인에서 구매하는 소비자
⇩ **가이드슈머(Guide + Consumer)** 기업의 생산현장을 검증하고 잘못된 점은 지적, 잘한 점은 홍보	

<부록>   175

〈표 7〉 외식 브랜드의 구성 요소

브랜드 아이덴티티	브랜드 네임, 브랜드 로고, 브랜드 컬러, 브랜드 캐릭터, 브랜드 슬로건
메뉴	메뉴 구성, 원재료 선택, 조리 방식, 메뉴명, 프리젠테이션, 식기 선택, 메뉴 제공 방식
서비스	서비스 정도, 서비스 방식, 서비스 특성
분위기	SI(Store Identity), 음악(music), 조명(lighting), 유니폼(uniform), 사인(signage)
입지	지역, 입점 형태(free standing/building-in)
가격	가격, 좌석회전율, 식재료비, 인력 및 인건비, 임대료 수준, 할인정책

〈표 8〉 브랜드 아이덴티티의 도출

기능적 속성	맛의 동질성, 볼의 차별성, 메뉴의 다양성, 양의 풍부함, 시간 절약, 이벤트의 독창성, 접근 편의성, 인테리어의 간결성, 가격대비 맛과 양, 가격의 합리성		
이성적 혜택	통일성, 신속성, 다양성, 합리성, 편리성, 독창성, 전문성		
감성적 혜택	신선함, 생동감, 젊음	친근함, 즐거움, 정겨움	편안함, 재미있음
성격	▼ 독특함	▼ 공유성	▼ 편안함
브랜드 아이덴티티	⇩ 스파게티로 특화된 캐주얼 레스토랑		

〈표 9〉 브랜드 콘셉트 키워드의 개발

키워드	내용
다양성	메뉴와 이벤트의 다양성
통일성	각 매장 간 메뉴의 맛, 인테리어의 동질성
합리성	가격대비 맛과 양, 서비스의 만족감
신속성	시간 절약
전문성	네이밍에서의 전문성, 메뉴의 전문성
편리성	접근과 이용, 서비스의 편리성
신선함	음식의 신선함, 신선한 식자재, 이벤트와 제공 방식(홀서비스)의 새로움
생동감	동적이고 활발한 분위기, 생동감 있는 인테리어
젊음	매장 분위기, 주된 색상, 방문하는 고객과 직원의 젊음
친근함	고급스럽지 않고 대중적이며 부담스럽지 않은 친근함
즐거움	밝고 화사한 인테리어와 가격대비 맛과 양이 좋은 것에서 오는 즐거움
정겨움	오픈된 주방이나 인테리어, 함께 나눠먹는 정겨움
편안함	인테리어의 편안함, 위치의 편안함, 서비스나 가격 등의 심리적 편안함
재미	이벤트의 재미, 메뉴를 고르는 재미, 홀서비스의 재미
독특함	홀서비스의 독특함, 패밀리레스토랑과는 다른 분위기와 서비스
공유성	음식을 나눔으로서 얻게 되는 정서의 공유

〈표 10〉 콘셉트 도출 사례

고객 이미지	개성을 추구하는 여대생 (20대 여성)	해외여행 경험이 있는 젊은 세대	신세대 직장인	자유 직업가와 보보스족	아침 일찍 출근하는 직장인
고객 이익	자신만의 공간, 자유롭게 대화	해외에서 경험한 커피 맛	친구와 여유로운 대화, 독특하고 맛있는 장소	다양한 커피 선택, 노트북 PC이용	간단한 빵과 커피
입지 이미지	이대 앞, 대학로, 프레스센터, 명동역, 강남역, 삼성역, 코엑스, 역삼역, 광화문				
고객 서비스	창가 쪽 1인 좌석, 자유공간, 바리스타, 테이크아웃 서비스, 고객 맞춤 커피, 무선 랜 서비스, 포인트제도, 페이스트리				
고객 시나리오	창가에서 음악을 들으며 혼자 책을 본다, 커피향이 나는 포근한 소파에서 친구와 부담 없이 대화한다. 여자 친구와 극장에 가기 전에 만나서 영화 이야기를 하며 즐긴다, 직장 동료와 점심 식사 후 커피를 테이크아웃하여 마신다. 여기저기 뛰어다니다 자투리 시간에 무선 랜을 이용하여 업무를 한다, 일찍 출근하여 회사 근처에서 여유로운 아침을 시작한다.				
목표 콘셉트	세계 최고의 커피를 주문하여 직접 에스프레소 방식으로 즐길 수 있는 커피숍, 혼자 있을 때는 편안하게, 친구와 같이 있을 때는 즐겁게 대화할 수 있는 커피숍, 고객의 오감을 만족시켜주는 문화가 있는 커피숍				

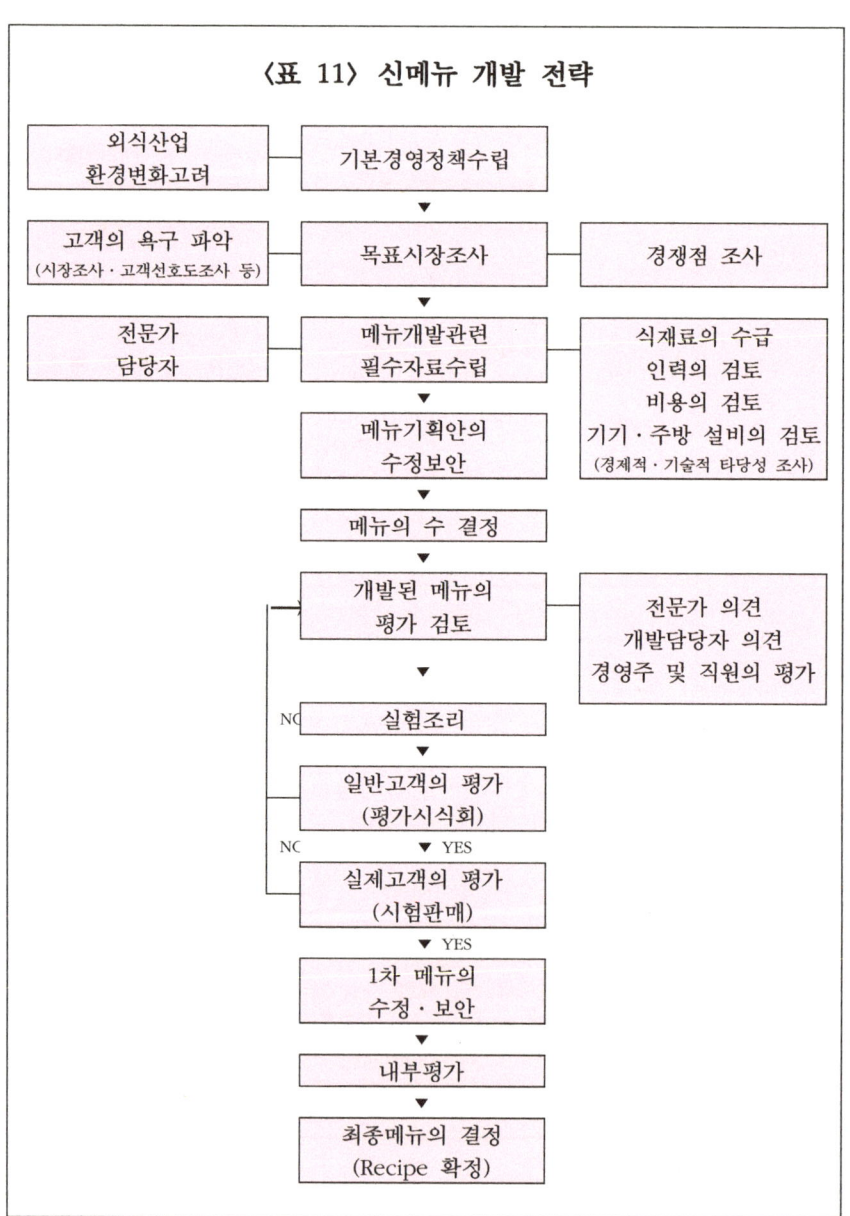

〈표 11〉 신메뉴 개발 전략

외식산업 환경변화고려	기본경영정책수립

↓

고객의 욕구 파악 (시장조사·고객선호도조사 등)	목표시장조사	경쟁점 조사

↓

전문가 담당자	메뉴개발관련 필수자료수립	식재료의 수급 인력의 검토 비용의 검토 기기·주방 설비의 검토 (경제적·기술적 타당성 조사)

↓

메뉴기획안의
수정보안

↓

메뉴의 수 결정

↓

개발된 메뉴의 평가 검토	전문가 의견 개발담당자 의견 경영주 및 직원의 평가

↓ NO

실험조리

↓

일반고객의 평가
(평가시식회)

↓ NO ↓ YES

실제고객의 평가
(시험판매)

↓ YES

1차 메뉴의
수정·보안

↓

내부평가

↓

최종메뉴의 결정
(Recipe 확정)

〈표 12〉 메뉴의 적합성 평가

주요항목 및 평가요소	세부검토사항	
소비기호 (연령별, 직업별)	• 타깃연령대가 좋아하는 음식인가? • 음식이 깔끔하고 정갈한가? • 타깃연령대의 수준에 적합한가? • 계절 메뉴나 계절 식재료를 사용할 수 있는가? • 건강식, 다이어트식, 기능식인가? • 맛 유지와 양은 적절한가? • 메뉴가격대는 어떤가? • 어린이용 메뉴구비와 디저트는 준비되어 있는가? • 가족고객이 좋아하는가? • 단순식사로 적합한가? • 메뉴북은 깨끗하고 설명이 충분한가? • 행사메뉴(모임, 회식, 기타)로 적합한 메뉴인가?	
점포, 입지, 시장	• 주변 시장의 가격대는? • 접근성(편리성)은? • 시장성(시장수요)은? • 적합한 건물인가? • 경쟁상태는? • 성장 가능한 입지인가? • 유동인구는 얼마나 되는가? • 주차시설은 되어 있는가?	• 혐오시설은 없는가? • 홍보성(가시성)은? • 적합한 입지인가? • 점포규모는? • 상권내의 외식 성향은? • 집객 시설이 있는가? • 유동차량은 얼마나 되는가?
경영효율 (경영관리 계수관리)	• 매출이익은? • 객단가는? • 메뉴관리는 용이한가? • 점포관리는? • 구매의 난이도는?	• 회전율은? • 원가(재료비,인건비,제경비)는? • 서비스의난이도는? • 경영주의 메뉴 이해도는? • 직원 채용은?
식사형태	• 조식 • 중식 • 간식 • 석식 • 미드나이트	
판매방식	• 내점(Eat in) • 배달 • 포장판매 • 복합판매 가능성은?	

〈표 13〉 외식 브랜드 주기별 커뮤니케이션 전략

도입기 (사업홍보)	• 모델샵의 영업 활성화에 총력 • 언론에 기사화 • 브랜드 인지도 제고를 통해 계약 유도 • 체험마케팅을 통한 점포 이용유도 • 예비창업자 홍보
성장기 (성공모델의 정착)	• 기획 사업설명회 개최(명강사 초청 등) • 도입기보다는 광고 홍보 효력감소 • 성공사례 만들기 • 성공사례를 바탕으로 한 현장 확인계약 실적 기대 • 경쟁업체 진입 시 탄력적으로 시장 전략 전개
성숙기 (브랜드지명도 확대)	• 성공사례를 중심으로 한 계약 실적 증가 • 브랜드 정체성 관리 강화(표준화, 전문화, 단순화) • 유지광고/홍보시행 • 브랜드 이미지 관리 • 메뉴개발 및 보완
쇠퇴기 (현상유지/ 신규사업)	• 계약실적 쇠퇴 • 브랜드파워 유지 • 고객욕구 분석을 기초로 한 사업 컨셉 조정 • 재정비 및 제2브랜드 런칭 • R&D 성장전략

〈표 14〉 라이프 사이클에 따른 단계별 관리전략

구분	도입기	성장기	성숙기	쇠퇴기
소비자	소비 준비	소비 시작	소비 절정	소비 위축
경쟁업소	미약	증대	극대	감소
창업시기	창업 준비	창업 시작	차별화	업종변경
매출	조금씩 증가	최고로 성장	평행선	하락
제품 (메뉴)	지명도 낮다	지명도 급상승 및 모방 시삭	지명도 최고 제품의 나앙화	신 메뉴로 내제시기
유통 (판매)	저항이 높고 점두판매위주	저항 약화되고 주문이 쇄도	주문감소 가격파괴현상	가격파괴절정 생존경쟁으로 재정비
촉진	광고 및 PR 활동성행	상표를 강조하고 경쟁적	캠페인활동 성행 및 제품의 차별성 강조	수요는 판촉에 비해 효과가 미흡
가격	높은 수준	가격인하 정책실시	가격최저로 가격에 민감	재정비에 따른 가격 인상정책
커뮤니케이션	체험마케팅을 통한 이용유도	성공사례를 바탕으로 현장실적기대	유지강화 브랜드 정체성 관리강화, 성공사례를 중심으로 계약실적증가	계약실적 쇠퇴, 신규사업진출 모색, 고객욕구분석으로 사업 컨셉 조정
진행기간	1년차	2년차	3년차	4년차

〈표 15〉 외식산업의 소득 수준별 발전

구분	GNP($)	성장과정	주요업체등장
1960년대	100 ~200	식생활의 궁핍 및 침체기(6·25전쟁 후), 밀가루 위주의 식생활 유입(미국 원조품), 분식의 확산 및 식생활 개선 문제 부상	뉴욕제과(67), 개업업소 및 노상 잡상인 대량 출현
1970년대	248 ~ 1,644	영세성 요식업의 우후죽순 출현, 경제개발 계획에 따른 식생활 향상, 해외브랜드 도입 및 프랜차이즈 태동, 국내프랜차이즈 시작 : 난다랑(79.7), 서구식 외식업 시작 : 롯데리아(79.10)	가나안제과(76) 난다랑(79) 롯데리아(79)
1980년대 초반	1,592 ~ 2,158	외식 산업의 태동기(요식업→외식산업), 영세 난립형 체인점 출현(햄버거, 국수, 치킨 등), 해외 유명브랜드 진출 가속화	아메리카(80) 원첼(82) 짱구짱구(82) 웬디스(84) KFC(84) 장터국수(84) 신라명과(84) 등
1980년대 후반	2,194 ~ 4,127	외식산업의 적응 성장기(중소기업, 영세업체난립), 식생활의 외식화·레저화·가공식품화 추세, 패스트푸드 및 프랜차이즈 중심 시장 선도, 패밀리 레스토랑·커피숍·호프점·베이커리·양념치킨 등 약진	맥도날드(86) 피자인(88) 코코스(88) 도투루(89) 나이스데이(89) 만리장성(86)
1990년대 초반	5,569 ~ 10,000	외국산업의 전환기(95년 산업으로서 정착), 중·대기업의 신규진출 러시 및 유명브랜드 도입, 프랜차이즈 급성장 및 도태, 시스템 출현(외식근대화)	나이스데이 씨즐러 스카이락 TGIF 등 아웃백, 빕스, 베니건스, 애슐리, 마르쉐 등

구분	GNP($)	성장과정	주요업체등장
1990년대 후반	6,500 ~ 9,800	IMF로 경기침체, 전체적인 침체, 불황 중 실직자들의 생계수단과 고용 창출 효과, 침체기에도 꾸준한 성장을 이룸, 다양한 형태의 소비패턴에 따른 점포의 변화	서울 경기지역 외식기업 포화 상태로 지방음식의 체인화와 수도권 중심의 패밀리 레스토랑의 지방 진출과 발전
2000년대 초반	10,000- 15,000	웰빙 문화로 인한 패스트푸드의 변화, 광우병파동으로 일부 산업 심각한 타격, 조류독감으로 치킨업계 일시적인 위기, 꾸준한 발전으로 전체 국민 노동력의 50%이상 고용 창출한 거대산업으로 발전	프랜차이즈 포화, 국내 브랜드 등장
2000년대 후반	15,000- 21,500	국내브랜드 프랜차이즈 대거 등장 및 대기업·식품업계의 외식산업 진출, 대기업 3세들의 외식산업진출(신세계:스타벅스로부터시작-투썸플레이스 등)	(할리스, 카페베네 등)
2010년대 초반	21,500 ~ 25,000	경기침체와 세월호 사건으로 인한 외식위주의 식단이 집으로 이동, 정부규제에 의한 외식분야와 식품분야의 위축	대기업 진출에 대한 정부규제, 상생과 공생의 기업 논리
2010년대 후반	25,000 ~ 30,000	대기업 외식산업이 상생과 공생을 내세운 중소기업 외식 정책으로 변화, 대기업의 외식산업 진출 금지, 외식문화의 침체기와 과다 경쟁	CS를 통한 기업 이익과 고객만족 공존

〈표 16〉 한국의 외식산업 발전과정

연대	발전내용	주요업체
1960년대 이전	• 전통 음식점 중심의 음식업 태동기 • 식생활 및 식습관의 가내 주도형 • 식량지원 부족(생존단계)	• 이문설렁탕(1907) • 용금옥(1930) • 한일관(1934) • 조선옥(1937) • 안동장(1940) • 고려당(1945) • 남포면옥(1948)
1960년대	• 6·25전쟁 후 식생활 궁핍 및 음식업 침체기 • 혼분식 확산(미국원조 밀가루 위주의 식생활)	• 삼양라면 최초 시판(1963) • 비어홀(1964) • 코카콜라(1966) • 뉴욕제과 신세계 본점 프랜차이즈 1호점(1968)
1970년대	• 해외브랜드 도입기 • 프랜차이즈 태동기 • 대중음식점 출현	• 난다랑(1979) 국내 프랜차이즈 1호 • 롯데리아(1979) 서구식 외식 시스템 시발점
1980년대	• 외식산업 전환기 • 해외브랜드 진출 가속화 • 국내 자생브랜드 난립 • 부산 아시안 게임(1986) • 서울 올림픽(1988)	• 아메리카나(1980) • 서울 프라자 호텔이 여의도 전경련 빌딩, 프라자(한식당), 도원(중식당), 연회장 운영(1980) • 윈첼도우넛, 버거킹(1982) • 서울 프라자호텔 열차식당 운영(1983) • 웬디스, 피자헛, KFC(1984) • 맥도널드(1986) • 피자인, 코코스, 크라운베이커리, 나이스데이, 놀부보쌈(1988)

연대	발전내용	주요업체
1990년대	• 외식산업 성장기 • 대기업 외식산업 진출 • 패밀리레스토랑 진출 • 전문점 태동	• TGIF 판다로시(1992) • 시즐러(1993) • 데니스, 스카이락, 케니로저스 (1994) • 토니로마스, 베니건스, 블루노트, BBQ(1995) • 마르쉐(1996) • 칠리스, 우노, 아웃백스테이크하우스(1997)
2000년대	• 외식산업의 전성기 • 식품업계의 외식산업 진출 • 대기업의 외식산업 점령 • 골목상권 장악 • 자금력에 의한 규모화	• 커피(음료)전문점의 강세, 포화 • 해외진출사례 (할리스 토종브랜드)
2010년	정부의 규제와 경기침체로 인한 외식산업 침체기, 외식업의 다양화를 통한 커피전문의 활성화를 패하고 있으나 국내포화로 인한 도산위기, 해외진출의 판로가 절실	• 첫손님가게(2013년2월) -기부문화의 정착 • 공생과 상생의 기로 • 대기업의 골목상권진출 금지 등
2020년	• 프랜차이즈를 중심으로 한 한류 K-Food 확산 • 해외 진출 본격화 • 맛, 웰빙, 디테일이 주도 • 성장 정체	• 놀부 NBG • 치킨 브랜드 • CJ 푸드빌 해외 100호점(2012) • 파리바게트(2015년 해외 200호점 개설)

〈표 17〉 국내 프랜차이즈 산업의 변천사

시대별	구분	주요 브랜드 및 이슈
1970년대	**태동기** • 프랜차이즈 산업모델 국내 첫선 • 기업형 프랜차이즈 탄생	• 1977년 림스치킨 • 1979년 7월 국내 프랜차이즈 1호점 난다랑(동숭동) • 1979년 10월 롯데리아 소공동
1980년대	**도입 및 성장기** • 패스트푸드 도입에 따라 대기업 외식업진출 • 해외 패스트푸드 프랜차이즈 국내 진출 • 한식 프랜차이즈시작 (놀부보쌈/송가네왕족발/감미옥 등) • 88서울 올림픽 개최	• 1982년 페리카나 • 1983년 장터국수 • 1984년 KFC/버거킹/웬디스 • 1985년 피자헛/피자인/베스킨라빈스 • 1986년 파리바게트 • 1987년 투다리 • 1988년 코코스 • 1989년 도미노피자/놀부/멕시카나
1990년대	**성숙기** • 국내 프랜차이즈 기반 구축 • 국내 최초 패밀리 레스토랑 개념 도입 • 1988년 외환위기 • 1989년 (사)한국 프랜차이즈산업협회 설립	• 1990년 미스터피자 • 1991년 원할머니보쌈/교촌치킨 • 1992년 맥도날드/TGIF 사업개시 • 1993년 한솥도시락/미라래/파파이스 • 1994년 데니스/던킨도너츠 • 1995년 베니건스/토니로마스/씨즐러/BBQ • 1996년 김가네/마르쉐/쇼부 • 1997년 빕스/아웃백스테이크/칠리스/우노 • 1998년 쪼끼쪼끼/스타벅스/코바코 • 1999년 BBQ 국내 최초 가맹점 1000호점 달성 • 1999년 (사)한국프랜차이즈협회 설립인가

시대별	구분	주요 브랜드 및 이슈
2000년대	**해외진출 초창기 일부 업종 포화기** • 국내 외식브랜드 중국, 일본 등 해외진출 가속화 2002년 한일 월드컵 개최 • 치킨프랜차이즈 붐업	• 2000년 미소야, 투다리 중국 청도 진출 • 2001년 퀴즈노스/매드포갈릭/사보텐/파스쿠찌 • 2002년 파파존스/본죽, 분쟁조정협의회 설치 • 2003년 프레쉬니스버그/명인만두/피쉬앤그릴/BBQ 중국 진출 • 2004년 크리스피크림도넛 • 2005년 뚜레쥬르 중국 진출 • 2006년 토다이, 놀부 일본 진출 • 2007년 BBQ 싱가포르 진출
2010년대	**저성장기 해외진출 가속화** • 식재료 수급 불안정 • 해외진출 가속화 • 외식업관련 법과 제도 정비 • 중소기업 적합업종 선정 • 대기업 빵집 사업 철수 • 공정위 모범거래기준안 발표 • 가맹사업법 추진 • 음식점 금연구역 전면시행(2015) • 디저트 업종 활성화 • 일본, 유럽 등 해외디저트브랜드 도입 활발 • 소프트아이스크림, 팥빙수, 츄러스 등 브랜드 활성화	• 2010년 채선당 인도네시아 진출 • 2012년 파리바게뜨 중국 100호점, CJ푸드빌 해외 100호점 • 2011년 놀부 NBG, 美 모건스탠리PE에 지분 매각, 제스터스, 잠바주스, 망고식스 • 2012년 베코와플, 투뿔등심, 와플트리, 모스버거 • 2013년 바르다김선생, 고봉민김밥, 설빙, 깐부치킨, 이옥녀팥집, 족발중심, 미스터시래기, 고디바, 소프트리 • 2014년 자연별곡, 올반, 계절밥상 등 한식뷔페 • 2015년 11월 미스터 피자 중국 100호점 출점 • 2015년 12월 파리바게트 해외 200호점

〈표 18〉 시대별 외식브랜드(메뉴)콘셉트의 변화추이

메뉴	시대	외식 브랜드
햄버거	1980~1985	롯데리아, 아메리카나, 빅웨이
면류	1986~1988	장터국수, 다림방, 다전국수, 민속마당, 국시리아, 참새방앗간
양념치킨	1988~1990	페리카나, 처갓집, 림스치킨
보쌈	1990~1992	놀부보쌈, 촌집보쌈, 할매보쌈
우동		언가, 천수, 나오미, 기소야
신개념퓨전 레스토랑		(피자, 햄버거, 아이스크림, 통닭 등 모두 판매) 굿후렌드, 코넬리아, 아톰플라자, 해피타임
쇠고기뷔페	1992~1993	엉클리 외
커피		쟈뎅, 미스터커피, 왈츠, 브레머
피자	1993~1994	시카고피자, 피자헛, 도미노피자
피자뷔페	1994~1996	베네벤토, 아마또, 오케이, 베니토, 카이노스
탕수육		탕수 탕수 외
김밥		종로김밥, 김가네김밥, 압구정김밥
조개구이	1996~1997	조개굽는 마을, 미스조개 열받네, 바다이야기, 조개부인 바람났네
칼국수		봉창이해물칼국수, 유가네칼국수, 우리밀칼국수
북한음식		모란각, 통일의 집, 고향랭면, 발용각, 진달래각
요리주점	1997~1999	투다리, 칸, 천하일품, 대길, 기린비어페스타

메뉴	시대	외식 브랜드
찜닭		봉추찜닭, 고수찜닭, 계백찜닭
참치		참치명가, 동신참치, 동원참치
에스프레소 커피	1999~2001	할리스, 커피빈, 프라우스타, 이디야
돈가스		라꾸라꾸, 하루야, 패밀리언
생맥주		쪼끼쪼끼, 해피리아, 블랙쪼끼, 비어캐빈
아이스크림		레드망고, 아이스베리
회전초밥	2001~2003	스시히로바, 사까나야, 기요스시
하우스맥주		오키스브로이하우스, 플래티늄, 도이치브로이하우스
불닭		홍초불닭, 화계, 땡초불닭
퓨전 오므라이스		오므토토마토, 오므라이스테이, 오므스위트, 에그몽
중저가 샤브샤브	2004~2005	정성본, 채선당, 어바웃샤브
베트남 쌀국수		호아빈, 포베이, 포메인, 포타이

메뉴	시대	외식 브랜드
해물떡찜	2006~2007	해물떡찜0410, 크레이지페퍼, 홍가네해물떡찜
정육형 고깃집	2006~2007	다하누촌, 산외한우마을
저가 쇠고기		아지매, 우스, 꽁돈, 우쌈, 우마루, 행복한 우담
국수	2008~2009	(비빔국수, 잔치국수)망향비빔국수, 명동할머니국수, 산두리비빔국수, 닐니리맘보
일본라멘		하코야, 멘쿠샤, 라멘만땅, 이찌멘
카페	2008~2013	스타벅스, 카페베네, 파리바게뜨
떡볶이	2011~2012	아딸, 죠스, 국대, 동대문엽기떡볶이
샐러드, 집밥	2013~2014	샐러드뷔페, 계절밥상, 자연별곡
디저트카페	2015~2017	몽슈슈, 초코렛바, 빙수 등 디저트

〈표 19〉 업종별 음식점업 현황(2015년 기준)

분류		업체수		종사자수	
		(개)	%	(명)	%
음식점업	한식점업	299,477	65.1	841,125	59.9
	한식점 제외한 총합	159,775	34.9	562,513	40.1
	중국 음식점업	21,503	4.7	76,608	5.5
	일본 음식점업	7,466	1.6	33,400	2.4
	서양 음식점업	9,954	2.2	67,279	4.8
	기타 외국식 음식점업	1,588	0.3	8,268	0.6
	기관 구내 식당업	7,830	1.7	48,000	3.4
	출장 및 이동 음식업	511	0.1	2,620	0.2
	기타 음식점업	110,923	24.2	326,338	23.2
	소계	459,252	100.0	1,403,638	100.0
주점 및 비알콜 음료점업		176,488		420,576	
음식점업(합계)		635,740		1,824,214	

〈표 20〉 사업장 면적규모별 음식점 분포도(2015년 기준)

사업장 면적규모		음식점수(개)	(%)
30㎡ 미만	(9.3평)	75,977	12.0
30㎡~50㎡	(9.3평~15.4평)	131,003	20.6
50㎡~100㎡	(15.4평~30.9평)	271,277	42.7
100㎡~300㎡	(30.9평~92.6평)	135,299	21.3
300㎡~1,000㎡	(92.6평~302.5평)	19,856	3.1
1,000㎡~3,000㎡	(302.5평~907.5평)	2,057	0.3
3,000㎡	(907.5평)	271	0.1
합 계		635,740	100.0

〈표 21〉 종사자 규모별 음식점(주점업포함)

(2015년 기준)

종사자규모	음식점수(개)	(%)	종사자수(명)	(%)
1~4명	559,338	88.0	1,170,619	64.2
5~9명	61,176	9.6	375,014	20.6
10~19명	11,685	1.8	147,249	8.0
20명 이상	3,541	0.6	131,332	7.2
합계	635,740	100.0	1,824,214	100.0

〈표 22〉 년 매출규모별 음식점 및 종사원 분포도

(2015년 기준)

매출규모	음식점수(개)	(%)	종사원수(명)	(%)
50 만원 미만	156,598	34.1	282,449	20.2
50~100만원	150,523	32.8	347,310	24.7
100~500만원	132,474	28.8	503,483	365.9
500~1000만원	15,862	3.4	152,236	10.8
1000만원 이상	4,294	0.9	118,160	8.4
합계	459,252	100.0	1,403,638	100.0

〈표 23〉 음식점업 시도별 현황(2015)

구분	사업체수	사업체수 비중	종사자수	매출액	업체당 매출액	1인당 매출액
전국	635.7	100	1,824.2	79,579.6	125.1	43.6
서울	116.8	18.4	409.1	19,559.5	167.4	47.8
부산	47.1	7.4	135.7	5,921.2	125.6	43.6
대구	31.4	4.9	84.8	3,513.7	112.0	41.5
인천	29.8	4.7	85.1	3,845.9	128.9	45.2
광주	17.1	2.7	50.3	2,163.1	126.3	43.0
대전	18.3	2.9	54.2	2,559.1	140.0	47.2
울산	16.1	2.5	42.9	2,043.7	126.9	47.6
세종	1.6	0.2	4.1	185.2	116.7	44.7
경기	126.7	19.9	387.3	17,754.4	140.1	45.8
강원	29	4.6	68.8	2,521.8	86.9	36.7
충북	22.7	3.6	56.4	2,227.0	98.0	39.5
충남	28.2	4.4	71.8	3,056.2	108.3	42.6
전북	22.7	3.6	60.2	2,202.3	96.9	36.6
전남	25.6	4.0	60.7	2,262.0	88.5	37.3
경북	41.8	6.6	95.6	3,788.9	90.6	39.6
경남	49.9	7.8	125.4	4,906.1	98.3	39.1
제주	10.8	1.7	31.7	1,039.6	96.5	32.8

〈표 24〉 프랜차이즈 산업 주요 3개국 현황

구분	한국(2015년)	일본(2012년)	미국(2010년)
가맹본부 수	3,482	1,281	2,300
가맹점 수	207,068	240,000	767,000
매출액(년)	약 102조	약 22조 287억 엔	1조 달러
고용인원	124만	200~300만	1,740만
외식업 비중	본부 72% 가맹점 44%	외식업 17.5% (매출기준) 외식업 41.8% (본부기준)	외식업 42% 패스트푸드 31%

〈표 25〉 외식 프랜차이즈 현황

구분	외식가맹 본부 수	전체가맹 본부 수	외식가맹점 수	전체가맹점 수
2011	1,309(64%)	2,042	60,268(40.5%)	148,719
2012	1,598(66.4%)	2,405	68,068(39.8%)	170,926
2013	1,810(67.5%)	2,678	72,903(41.3%)	176,788
2014	2,089(70.3%)	2,973	84,046(44.1%)	190,730
2015	2,251(72.4%)	3,482	88,953(45.8%)	194,199

〈표 26〉 국내 프랜차이즈 현황(2015 기준)

가맹본부	가맹점
외식업 72%	외식업 46%
서비스업 19%	서비스업 31%
도·소매업 9%	도·소매업 23%

〈표 27〉 국내 프랜차이즈 현황(2015 기준)

년도	가맹본부 수	가맹브랜드 수	직영점 수	가맹점 수
2010년	2,042	2,550	9,477	148,719
2015년	3,482	4,288	12,869	194,199

〈표 28〉 국내 프랜차이즈 업종별 브랜드 수(단위:개)

년도	전체	외식업	서비스업	도소매업
2011년	2,947	1,942	593	392
2012년	3,311	2,246	631	434
2013년	3,691	2,263	743	325
2014년	4,288	3,142	793	353

〈표 29〉 국내 외식 프랜차이즈 가맹점 수(단위:개)

치킨	한식	주점	피자·햄버거
22,529	20,119	10,934	8,542
커피전문점	제빵·제과	분식·김밥	일식·서양식
8,456	8,247	6,413	2,520

〈표 30〉 외식 업종별 신생률(단위:%)

업종	수도권				비수도권
	서울	인천	경기	평균	
한식음식점	7.6	8.1	7.9	7.8	7.1
중식음식점	7.5	5.4	8.4	7.7	5.3
일식음식점	10.7	6.5	11.1	10.5	9.0
경양식음식점	9.9	13.6	11.8	10.6	10.8
패스트푸드점	9.4	10.9	12.1	10.8	13.4
치킨전문점	10.2	10.8	10.7	10.5	10.9
분식음식점	6.4	11.5	11.3	8.5	9.9
주점	9.6	8.4	10.2	9.7	8.0
커피숍	20.7	22.1	24.7	22.5	20.0

〈표 31〉 업종별 활동업체수 증감률(단위:%)

업종	수도권				비수도권
	서울	인천	경기	평균	
한식음식점	-1.3	-0.5	-1.1	**-1.1**	-0.4
중식음식점	0.1	-2.1	0.2	**-0.1**	-1.6
일식음식점	3.3	0.6	3.4	**3.1**	3.3
경양식음식점	1.6	5.7	3.5	**2.3**	2.0
패스트푸드점	-0.7	4.0	5.3	**2.4**	7.0
치킨전문점	1.4	0.9	2.9	**2.1**	3.8
분식음식점	-3.4	0.7	1.4	**-1.4**	1.9
주점	-0.3	0.2	0.9	**0.3**	1.2
커피숍	15.1	20.8	20.7	**18.0**	13.1

〈표 32〉 업종별 5년 생존율(단위:%)

업종	수도권				비수도권
	서울	인천	경기	평균	
한식음식점	55.4	57.0	56.4	**56.0**	61.7
중식음식점	63.5	69.6	61.4	**63.1**	72.2
일식음식점	59.5	50.0	57.3	**58.2**	68.0
경양식음식점	61.4	48.7	59.3	**60.5**	61.2
패스트푸드점	53.0	69.4	60.4	**58.2**	63.9
치킨전문점	61.9	54.7	59.8	**60.0**	63.4
분식음식점	49.9	54.0	49.8	**50.4**	58.0
주점	59.0	63.9	58.2	**59.1**	65.7
커피숍	57.4	64.8	48.7	**54.5**	51.6

〈표 33〉 수도권 업종별 생존기간 10년 미만 비율

업종	수도권(%)				비수도권(%)
	서울	인천	경기	평균	
한식음식점	53.9	50.4	56.7	**54.9**	45.9
중식음식점	47.3	45.2	53.7	**49.9**	37.5
일식음식점	63.5	46.4	62.2	**61.7**	54.0
경양식음식점	59.4	64.5	64.7	**61.2**	56.7
패스트푸드점	78.2	73.8	69.4	**73.7**	62.6
치킨전분점	68.5	69.7	71.6	**70.3**	66 5
분식음식점	43.6	65.7	64.3	**52.7**	57.0
주점	58.8	52.0	61.3	**59.1**	55.3
커피숍	86.5	76.2	84.4	**84.5**	70.3

〈표 34〉 업종별 상주인구기준 포화도 상위 지역

업종	서울	인천	경기
한식음식점	중구(3.6)	옹진군(2.1)	가평군(3.5)
중식음식점	중구(3.5)	중구(2.3)	가평군(2.8)
일식음식점	중구(3.8)	강화군(1.9)	평택시(2.9)
경양식음식점	종로구(2.9)	중구(2.0)	포천시(3.0)
패스트푸드점	강남구(4.7)	중구(1.5)	가평군(3.6)
치킨전문점	중구(2.4)	동구(1.6)	연천군(2.7)
분식음식점	종로구(3.3)	동구(1.9)	연천군(4.0)
주점	마포구(2.4)	부평구(1.3)	구리시(2.5)
커피숍	중구(3.9)	강화군(1.8)	연천군(3.2)

⟨표 35⟩ 2015년 활동업체 현황(단위:개,%)

| | | 전국 | 수도권 | | | | 비수도권 |
			서울	인천	경기	평균	
한식 음식점	개수	289,358	53,092	11,408	58,235	**122,735**	166,623
	증감	-2,015	-680	-56	-623	**-1,359**	-656
	증감률	-0.7	-1.3	-0.5	-1.1	**-1.1**	-0.4
중식 음식점	개수	21,428	4,030	999	3,970	**8,999**	12,429
	증감	-218	4	-21	6	**-11**	-207
	증감률	-1.0	0.1	-2.1	0.2	**-0.1**	-1.6
일식 음식점	개수	12,784	4,844	645	2,499	**7,988**	4,796
	증감	394	155	4	82	**241**	153
	증감률	3.2	3.3	0.6	3.4	**3.1**	3.3
경양식 음식점	개수	27,023	9,463	575	4,141	**14,179**	12,844
	증감	568	148	31	139	**318**	250
	증감률	2.1	1.6	5.7	3.5	**2.3**	2.0
패스트 푸드점	개수	8,283	1,738	366	1,837	**3,941**	4,342
	증감	378	-13	14	93	**94**	284
	증감률	4.8	-0.7	4.0	5.3	**2.4**	7.0
치킨 전문점	개수	36,895	5,745	1,987	8,966	**16,698**	20,197
	증감	1,085	80	18	250	**348**	737
	증감률	3.0	1.4	0.9	2.9	**2.1**	3.8
분식 음식점	개수	41,454	12,075	2,094	7,171	**21,340**	20,114
	증감	73	-423	15	102	**-306**	379
	증감률	0.2	-3.4	0.7	1.4	**-1.4**	1.9
주점	개수	65,775	12,396	3,908	13,941	**30,245**	35,530
	증감	512	-39	6	120	**87**	425
	증감률	0.2	-0.3	0.2	0.9	**0.3**	1.2
커피숍	개수	50,270	11,055	2,446	9,712	**23,213**	27,057
	증감	6,666	1,453	421	1,664	**3,538**	3,128
	증감률	15.3	15.1	20.8	20.7	**18.0**	13.1

〈표 36〉 국내 주요 50개 외식업체 2016년 실적

	법인명	대표브랜드	매출액		
			2016년	증감률	2015년
1	파리크라상	파리바게뜨	1,777,178,739,028	2.86%	1,727,743,711,101
2	CJ푸드빌	빕스	1,250,423,221,494	3.66%	1,206,274,856,583
3	스타벅스코리아	스타벅스	1,002,814,318,251	29.58%	773,900,207,510
4	롯데GRS	롯데리아	948,881,502,698	-1.17%	960,107,706,719
5	이랜드파크	애슐리	805,448,929,846	11.06%	725,259,064,288
6	농협목우촌	또래오래	539,706,247,053	06.05%	574,447,698,787
7	비알코리아	던킨도너츠	508,589,410,709	-2.24%	520,244,187,126
8	교촌에프앤비	교촌치킨	291,134,570,511	13.03%	257,568,343,023
9	비케이알	버거킹	253,165,340,964	-9.10%	278,519,490,955
10	제너시스BBQ	BBQ	219,753,548,128	1.80%	215,859,733,466
11	청오디피케이	도미노피자	210,258,669,230	7.61%	195,397,386,682
12	해마로푸드서비스	맘스터치	201,871,094,029	35.82%	148,630,305,769
13	에스알에스코리아	KFC	177,025,154,533	1.32%	174,724,909,649
14	더본코리아	새마을식당	174,871,404,102	41.18%	123,861,782,375
15	본아이에프	본죽	161,915,426,742	12.99%	143,298,606,904
16	이디야	이디야커피	153,544,611,986	13.30%	135,521,376,709
17	지앤푸드	굽네치킨	146,963,838,585	49.35%	98,403,070,608
18	커피빈코리아	커피빈	146,020,774,483	5.10%	138,938,692,307
19	할리스에프앤비	할리스커피	128,620,870,080	18.45%	108,584,230,041
20	놀부	놀부부대찌개	120,371,880,274	0.61%	119,644,883,536
21	엠피그룹	미스터피자	97,057,713,543	-12.03%	110,334,442,101
22	한솥	한솥도시락	93,450,170,833	8.69%	85,977,883,670
23	탐앤탐스	탐앤탐스	86,904,811,559	-2.09%	88,763,650,721
24	아모제푸드	카페아모제	77,709,476,186	-10.79%	87,021,856,784
25	카페베네	카페베네	76,579,195,280	-30.45%	110,110,201,113
26	토다이코리아	토다이	75,712,432,549	1.81%	74,366,111,820
27	원앤원	원할머니보쌈	75,335,571,616	-1.76%	76,685,431,644
28	디딤	신마포갈매기	65,752,103,510	6.20%	61,915,832,179
29	엔티스	경복궁	64,214,566,518	0.04%	64,191,883,374
30	전한	강강술래	62,605,427,065	16.76%	53,617,791,947

	법인명	대표브랜드	당기순이익		
			2016년	증감률	2015년
1	파리크라상	파리바게뜨	55,101,759,875	6.56%	51,707,226,710
2	CJ푸드빌	빕스	5,213,030,763	흑자전환	-7,399,515,626
3	스타벅스코리아	스타벅스	65,250,646,249	130.68%	28,286,458,919
4	롯데GRS	롯데리아	-11,328,471,862	적자지속	-57,188,774,814
5	이랜드파크	애슐리	-80,415,701,255	적자전환	3,259,340,450
6	농협목우촌	또래오래	176,061,903	-96.06%	4,474,241,678
7	비알코리아	던킨도너츠	35,748,612,156	-17.04%	43,090,305,701
8	교촌에프앤비	교촌치킨	10,333,269,262	48.13%	6,975,624,101
9	비케이알	버거킹	8,041,478,568	-6.98%	8,644,484,103
10	제너시스BBQ	BBQ	5,622,355,657	-25.79%	7,575,978,570
11	청오디피케이	도미노피자	20,886,060,816	15.86%	18,027,199,494
12	해마로푸드서비스	맘스터치	9,295,865,326	52.53%	6,094,487,395
13	에스알에스코리아	KFC	-18,989,243,531	적자전환	1,239,410,933
14	더본코리아	새마을식당	19,246,938,573	176.53%	6,960,110,664
15	본아이에프	본죽	6,541,937,183	666.68%	853,282,435
16	이디야	이디야커피	11,157,627,325	-14.73%	13,085,209,896
17	지앤푸드	굽네치킨	9,051,485,230	98.68%	4,555,730,841
18	커피빈코리아	커피빈	4,274,213,864	68.04%	2,543,614,329
19	할리스에프앤비	할리스커피	9,112,688,828	97.97%	4,603,109,833
20	놀부	놀부부대찌개	34,729,365	흑자전환	-1,185,695,358
21	엠피그룹	미스터피자	-13,169,290,522	적자지속	-5,685,686,269
22	한솔	한솔도시락	5,937,412,411	-6.94%	6,379,860,772
23	탐앤탐스	탐앤탐스	-2,700,843,324	적자전환	1,006,075,983
24	아모제푸드	카페아모제	-2,894,719,809	적자지속	-2,831,863,842
25	카페베네	카페베네	-24,199,662,544	적자지속	-33,998,615,819
26	토다이코리아	토다이	-302,769,030	적자전환	60,192,423
27	원앤원	원할머니보쌈	1,050,809,166	-46.68%	1,970,922,444
28	디딤	신마포갈매기	3,882,856,783	206.73%	1,265,883,943
29	엔티스	경복궁	870,450,996	62.51%	535,619,685
30	전한	강강술래	4,044,752,337	204.26%	1,329,361,651

	법인명	대표브랜드	영업이익		
			2016년	증감률	2015년
1	파리크라상	파리바게뜨	66,466,341,645	-2.83%	68,401,992,788
2	CJ푸드빌	빕스	7,612,835,874	-27.61%	10,515,825,667
3	스타벅스코리아	스타벅스	85,263,869,944	80.87%	47,141,285,776
4	롯데GRS	롯데리아	19,265,680,668	43.52%	13,423,529,274
5	이랜드파크	애슐리	-13,042,395,296	적자지속	-18,567,855,117
6	농협목우촌	또래오래	2,388,904,185	-43.58%	4,234,412,263
7	비알코리아	던킨도너츠	40,507,512,902	-21.78%	51,789,190,475
8	교촌에프앤비	교촌치킨	17,697,273,857	16.81%	15,150,420,135
9	비케이알	버거킹	10,753,419,177	-11.41%	12,138,378,984
10	제너시스BBQ	BBQ	19,119,575,719	37.65%	13,889,867,948
11	청오디피케이	도미노피자	26,148,974,238	14.85%	22,763,349,909
12	해마로푸드서비스	맘스터치	17,257,002,377	93.95%	8,897,630,011
13	에스알에스코리아	KFC	-12,262,188,782	적자전환	2,519,865,023
14	더본코리아	새마을식당	19,762,485,462	80.08%	10,974,482,886
15	본아이에프	본죽	9,643,020,060	108.54%	4,624,133,933
16	이디야	이디야커피	15,785,054,983	-3.36%	16,333,174,813
17	지앤푸드	굽네치킨	14,074,334,840	150.02%	5,629,268,870
18	커피빈코리아	커피빈	6,415,508,347	63.97%	3,912,507,369
19	할리스에프앤비	할리스커피	12,733,558,418	85.71%	6,856,590,390
20	놀부	놀부부대찌개	4,471,311,917	71.67%	2,604,572,263
21	엠피그룹	미스터피자	-8,906,726,136	적자지속	-7,258,907,426
22	한솔	한솔도시락	7,537,969,650	-3.90%	7,844,235,483
23	탐앤탐스	탐앤탐스	2,361,398,129	-46.33%	4,399,702,445
24	아모제푸드	카페아모제	-691,750,183	적자지속	-514,452,289
25	카페베네	카페베네	-554,827,454	적자지속	-4,381,991,762
26	토다이코리아	토다이	1,890,163,061	-34.38%	2,880,632,811
27	원앤원	원할머니보쌈	1,906,415,161	28.04%	1,488,921,918
28	디딤	신마포갈매기	5,531,547,756	109.18%	2,644,406,000
29	엔티스	경복궁	3,495,529,796	6.93%	3,268,846,170
30	전한	강강술래	6,253,723,716	156.51%	2,438,038,325

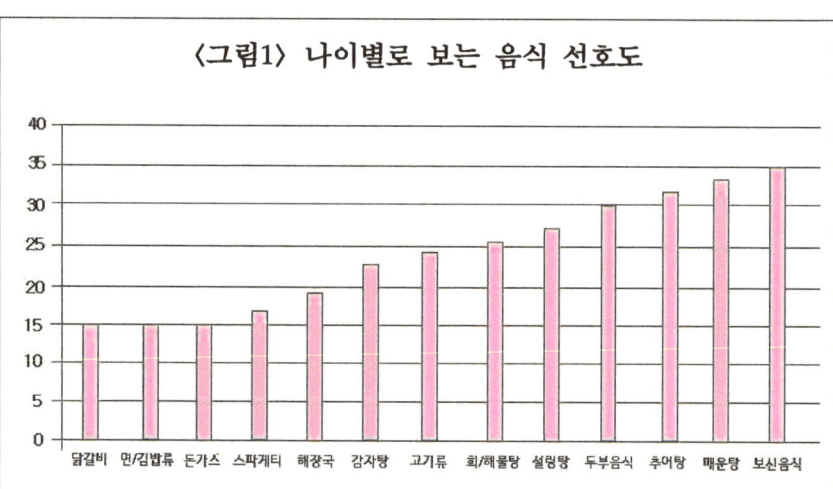

〈그림1〉 나이별로 보는 음식 선호도

〈표 37〉 외식장소 선택기준

연도	식당 선택기준
1985년	가격, 맛, 위생
1990년	맛, 청결, 가격
1995년	맛(87.1%), 서비스(4.6%), 분위기(4.4%)
2000년	맛(77%), 서비스(37.4%), 분위기(32.7%)
2005년	맛(72.3%), 가격(15.5%), 양(4.4%)
2010년	맛(71.2%), 분위기(10.2%), 교통(8.4%)
2015년	맛(82.6%), 분위기(25.2%), 교통(21.3%)
2017년	맛(77.3%), 분위기(7.1%), 가까운 위치와 교통(6.8%)

〈표 38〉 상권별 특징

구분	특징
오피스	- 말, 저녁 공백. - 직장인 상권의 경우 짧은 이동을 선호하는 경향이 강하여 어디에 입지하는가가 중요함. - 따라서 오피스 이면 유동인구가 많은 곳이 상대적으로 유리. - 직장인을 목표시장으로 하는 만큼 규모를 크게 하고 현대화된 환경으로 창업하는 것이 유리.
역세권	- 영업시간이 상대적으로 길고 자영업자의 피로도가 큼. - 24시간 성황, 주말 유입인구가 크고 업종이 다양하며 유흥성향이 상대적으로 강한 상권 곱창전문점은 B급지에 입지하는 것이 적당,
대학가	- 찾아다니며 소비하는 성향이 강해 상권이 넓게 형성. 따라서 입지 선택의 여건이 상대적으로 양호.
주택가	- 평일 공백 - 가족단위 소비자를 유입할 수 있는 환경을 구축하는 것이 필요
전문 쇼핑가	- 업종별 군집형태로 상권 발달 - 쇼핑가 자영업자를 목표시장으로 전문상가 인근에 입지

〈표 39〉 보쌈전문점 최적의 상권입지

적합상권 유형		장·단점
제1후보지 주택가 진입로변상권	장점	보쌈전문점 주 수요층의 접근성이 좋은 대단위 주택가 진입로 변 1층 매장이 가장 적합하다.
	단점	주택가 상권의 경우 직장인 수가 적다. 점심 매출이 기대만큼 나오지 않을 수 있다.
제2후보지 아파트 주거지역	장점	거주밀집지역의 틈새상권도 좋다. 배달을 전문으로 하는 소규모 업체라면 적극 추천한다.
	단점	틈새 입지개발이 쉬운 일이 아닌 만큼 단골을 만들기 위한 노력이 필요하다.
제3후보지 역세권, 오피스밀집 상권	장점	직장인 유동인구가 많은 역세권이나 오피스밀집상권, 먹자상권은 어떤 아이템이 들어가도 반은 먹고 들어갈 수 있다.
	단점	보증금, 월세, 권리금이 높아 매출은 높으나 수익성이 떨어질 수 있다.

<표 40> 장어전문점의 최적 상권입지

제1후보지 사무실 밀집지역 및 도심 오피스상권 먹자골목		제2후보지 도심외곽 관광지 및 강변상권		제3후보지 주택가로 이어지는 대로변	
장점	단점	장점	단점	장점	단점
주택가 상권보다는 관공서 주변상권과 회식 수요가 있는 사무실 밀집지역이 적합하다. 30~50대 남성들의 분포가 많은 지역이라 장어의 수요가 많다.	직장인들을 대상으로 하는 저렴한 가격의 점심 메뉴를 개발해야 한다. 주5일 근무로 주말 매출이 저조할 수 있다.	장어 전문점은 보양식품이라는 인식이 크기 때문에 도심 한가운데보다 외곽지역에서 장어를 찾는 사람들이 많다. 임진강 일대, 고창 선운사 일대, 남양주 운길산역 일대가 장어타운이 형성된 이유다.	주말고객층과 평일고객층의 편차가 크다는 점이다. 수도권 상권의 경우 평일 접근성이 높은 지역 선정이 중요하다.	장어전문점 특성상 주택가 진입로 대로변 매장이 관건이다. 눈에 띄는 입지가 목적 구매고객을 공략할 수 있다.	평일 낮 매출을 담보하기 어렵다. 주부들의 계모임이나 동네의 크고 작은 행사를 유치하는 등 매출증대를 위한 전략을 세울 필요가 있다.

〈표 41〉 갈비 전문점의 최적의 상권입지

적합상권 유형		장·단점
제1후보지 (대단위 아파트 상권 내 외식상권)	장점	갈비 전문점의 주 수요층이라고 할 수 있는 주부·가족단위고객을 공략하는 데는 1만 세대 이상이 거주하는 아파트상권이 적합하다
	단점	아파트상권의 경우 분양가 거품으로 인해 점포임대가가 높기 때문에 자칫 투자 수익률이 떨어질 수 있는 위험성이 있다.
제2후보지 (주택가상권 대로변 입지)	장점	갈비 전문점은 대형화 전문화 바람을 타고 있는 아이템이다. 가시성과 접근성이 좋은 주택가 상권 진입로 대로변을 추천한다. 대형매장을 공략한다면 지역의 랜드마크 역할을 하면서 안정 수익을 확보할 수 있다.
	단점	대형 매장의 경우 점포구입비와 점포 시설투자비가 높다. 초기투자 비용이 상당하므로 쉽사리 진행하기 어렵다.
제3후보지 (역세상권 내 먹자골목)	장점	지속적인 안정 수요층을 확보하는 데는 역세상권의 먹자골목도 나쁘지 않다.
	단점	먹자골독 내의 경쟁점포가 많기 때문에 자칫 먹자골목 경쟁우위를 점유하지 못한다면 상권 내 경쟁구도에서 밀려날 수 있는 위험성이 높다.

〈표 42〉 닭갈비 전문점, 대학가·먹자골목 최적의 상권 입지

적합상권 유형		장·단점
제1후보지 (지하철역 인근 먹자골목)	장점	지하철역 인근 먹자골목이나 중심상가 이면도로는 닭갈비 전문점의 최적 입지다. 내부가 들여다보이는 1층 매장이면 더욱 좋다. 우선 유동인구가 많고, 저녁모임이 많이 이루어지는 곳이라 소모임이나 회식수요가 많다.
	단점	주 영업시간이 밤이기 때문에 늦은 시간까지 영업을 해야 한다. 체력이 뒷받침되지 않으면 운영에 차질을 빚을 수 있다.
제2후보지 (대학가 주변)	장점	닭갈비에 대한 선호도가 가장 높은 계층이 모이는 지역이다. 맛과 서비스에 관리를 잘하면 단골손님 확보가 용이하다.
	단점	점포 구입단계에서 투자비용이 높다. 물건을 구하기도 쉽지 않다. 어설프게 접근하면 손해만 볼 확률이 높다.
제3후보지) (사무실주변 유동인구 많은 곳)	장점	직장인들의 모임 장소로 콘셉트를 잡는 게 중요하다. 점심메뉴를 개발해 점심영업을 기대 할 수 있다.
	단점	주말 매출을 기대하기 어렵다. 저녁 매출이 중요한 업종이지만, 퇴근시간대 매출이 생각만큼 나오지 않을 가능성도 있다.

관통도로와 교통량에 따른 매출

관통도로란 시 경계선에서 시내와 시외를 연결하는 주요 도로를 말한다. 적은 자본으로 음식 장사로 한몫 잡고 싶다면 이들 관통도로의 교통량을 분석하는 것이 좋다. 국내에는 도시 크기가 매우 크고 근처에 거대 위성 도시를 끼고 있어도 관통도로에 하루 20만대가 넘는 교통량을 보이는 지역이 없다. 그럼 관통 도로의 교통량이 대강 어느 정도이면 음식점의 장사가 잘되는 것일까?

교통량이 많이 발생하는 관통 도로에는 도로를 따라 여러 개의 핵심 상권이 자생하고 있다. 음식점을 이 핵심 상권에 입점시키는 것도 좋은 방법이지만 건물 임대료가 비싸다. 이럴 경우에는 교통량을 믿고 대로변에 음식점을 입점시키는 것도 생각해볼 만하다. 남태령 고개를 예로 들어보면, 남태령 고개는 경기도 과천과 서울 사당동을 연결하는 고개 이름이다. 이 고개를 따라 서울 방향으로 발전한 상권이 사당동 역세권이다. 그 밑으로는 방배동 상권이 있다. 예전에는 시계를 연결하는 단순한 도로에 불과했으나 서울 외곽에서 서울 시내로 출퇴근하는 사람들이 많아지면서 사당동은 대형 상권으로 발전하였다.

관통 도로와 같은 대로변에 음식점을 입점시킬 때는 하루 평균 5만 대 정도의 교통량이 발생하는 도로로 생각해볼 만하다. 5만 대 수준이면 대강 맛이 있거나 분위기가 있는 요식업소라면 매출이 일정 이상으로 발생한다.

그렇다면 교통량 계산은 어떻게 하나? 어떤 한 지점의 교통량은 일반적으로 출근이 시작되는 아침 7시를 전후로 해서 늘어나기 시작한 뒤 8시부터 9시 사이가 그날의 최고 피크 타임이 된다. 그런 뒤 교통량이 일정 수준으로 계속 유지되다가 오후 퇴근 시간이 되자 교통량이 다소 늘어났다가 새벽 1시면 현저하게 줄어든다는 공통점이 있다.

즉 아침 9시대에 피크를 이루고 점심을 전후로 약간씩 줄어들었다가 저녁 퇴근 시간대에 다시 피크를 이룬 뒤 새벽 1시까지 천천히 감소하다가 새벽 1시를 넘으면 현저하게 줄어든다. 이로 인해 아침 피크 시간대의 교통량과 교통량이 제일 적은 새벽 4시경의 교통량은 3배에서 5배 정도의 차이가 발생한다.

교통량 조사 방식

관통 도로에서의 교통량은 오전(07~09시), 점심(11~14시), 퇴근 시간(17~19시) 사이에 측정한다. 새벽 1시부터 아침 7시까지의 교통량은 피크 타임의 3분의 1로 계산한 후 평균을 잡으면 하루 교통량의 윤곽이 대강 잡힌다.

일반적으로 주거 지역에서는 21시~23시 사이에 교통량이 점차 줄어들지만, 심야 영업이 활발한 지역은 21시~23시경에 다소 교통량이 늘어나는 특징을 가지고 있다. 따라서 술집을 창업하려면 그 지역(먹자골목 등)의 밤 21시부터 23시까지의 교통량을 측정하는 것이 좋다. 만일 21시를 기준으로 시간당 교통량의 유입 유출 합계가 3천대 이상이라면 그 지역은 심야 상권이 활발한 지역이라고 볼 수 있다.(밤 9시부터 10시까지 3천대 이상의 유동량을 보이는 도로라면 그 도로는 교통 정체가 상당히 심한 도로라고 말할 수 있다.)

〈표 43〉 서울의 관통 도로 교통량

도로 명	교통량(대)
양재대로	약 13만
시흥대로	약 12만
하일동	약 10만
남태령	약 9만
통일로	약 9만
도봉로	약 7만 9천
망우리	약 7만 7천
복정 검문소	약 6만
서하남	약 6만
서오릉	약 4만

창업할 수 있는 외식업 종목

한정식 전문점/ 산채요리 전문점/나물요리 전문점/ 약선요리 전문점/ 궁중요리 전문점/ 사찰음식 전문점/ 한식당/ 한식배달 전문점/ 생선구이백반 전문점/ 연탄구이백반 전문점/ 우렁된장 전문점/ 대통밥 전문점/ 중화요리 전문점/ 중화요리 뷔페/ 테이크아웃 중화요리 전문점/ 중화요리 패밀리 레스토랑/ 기사식당/ 5,000원 기사식당/ 돼지김치찌개 전문 기사식당/ 해물탕 전문 기사식당/ 연탄구이 기사식당/ 일식집/ 활어횟집/ 장어 전문점/ 초밥 전문점/ 퓨전초밥 전문점/ 회전초밥 전문점/ 일본음식 전문점/ 보쌈 전문점/ 부대찌개 전문점/ 수제 부대찌개 전문점/ 빈대떡 전문점/ 족발 전문점/ 닭갈비 전문점/ 찜닭 전문점/ 바비큐 치킨 전문점/ 통닭 전문점/ 닭볶음탕 전문점/ 삼계탕 전문점/ 죽 전문점/ 덮밥 전문점/ 비빔밥 전문점/ 돌솥밥 전문점/ 가마솥밥 전문점/ 철판 볶음밥 전문점

참치회 전문점/ 꽃게탕 전문점/ 해물탕 전문점/ 민물새우 전문점/ 낙지요리 전문점/ 랍스타 전문점/ 조개구이 전문점/ 꼬치구이 전문점/ 밴댕이요리 전문점/ 올갱이국 전문점/ 돼지갈비 전문점/ 삼겹살 전문점/ 생고기 전문점/ 연탄불고기 전문점/ 화로 숯불고기 전문점/ 한우 전문점/ 떡볶이 전문점/분식 전문점/ 만두 전문점/ 즉석김밥 전문점/ 카레요리 전문점/ 수제어묵 전문점/ 수제 햄버거 전문점/ 수제핫도그 전문점/ 호두과자 전문점/ 왕만두 전문점/ 멸치국수 전문점/ 잔치국수 전문점/ 회국수 전문점/ 막국수 전문점/ 우동 전문점/ 라면 전문점/ 칼국수 전문점/ 손칼국수 전문점/ 콩칼국수 전문점/ 바지락 칼국수 전문점/ 수제비 전문점/ 닭수제비 전문점/ 퓨전음식 전문점/ 일식돈가스 전문점/ 바비큐 전문점/ 샤브샤브 전문점/ 버섯요리 전문점/ 두부요리 전문점/ 두루치기 전문점/ 보리밥 전문점/ 쌈밥 전문점/ 떡갈비 한정식 전문점

추어탕 전문점/ 매운탕 전문점/ 동태탕 전문점/ 감자탕 전문점/ 영양탕 전문점/ 오리요리 전문점/ 설렁탕 전문점/ 해장국 전문점/ 뼈다귀 해장국 전문점/ 콩나물 해장국 전문점/ 소해장국 전문점/ 카페/ 락카페/ 북카페/ 룸카페/ 커피숍/ 룸커피숍/ 테이크아웃 커피 전문점/ 보드게임 카페/ 막걸리 전문점/ 연탄불 생선구이 주점/ 일본식 주점/ 퓨전 주점/ 연탄불 안주 주점/ 철판요리 주점/ 포차 주점/ 맥주 전문점/ 세계맥주 전문점/ 호프 전문점/ 소주방/ 단란주점/ 룸살롱/ 노래방/ 비즈니스 바/ 웨스턴 바/ 칵테일 바/ 마술쇼 바/ 모던 바/ 클럽/ 제과점/ 떡 전문점/ 피자 전문점/ 파스타 전문점/ 스파게티 전문점/ 이태리요리 전문점/ 프랑스요리 전문점/ 터키요리 전문점/ 베트남쌀국수 전문점/ 양꼬치 전문점/ 말고기 전문점/ 북한음식 전문점/ 외국음식 전문점/ 패스트푸드/ 패밀리 레스토랑/ 샐러드 레스토랑/ 해물 뷔페/ 고기 뷔페/ 가든형 음식점/ 반찬집/ 1만원 고기안주 주점/ 1만원 해산물안주 주점/ 무한리필 안주 주점/ 무한리필 음식 전문점/ 무한 토핑 주점

〈표 44〉 추정소요자금 계획

과목	금액	비고
1. 매출액	0	서비스매출 + 상품매출
1) 서비스	0	(서비스매출)
2) 상품매출	0	(상품 또는 음식 판매 매출)
2. 매출원가	0	상품의 원가
3. 매출이익	0	매출액 - 매출원가
4. 판매관리비	0	
1) 급료	0	직원급여, 사업자급여
2) 복리후생비	0	직원복리후생, 4대보험, 식대 등
3) 임차료	0	임차료
4) 수도광열비	0	전기세, 수도세, 가스 등
5) 통신료	0	전화, 인터넷, 휴대폰
6) 수수료	0	세무대행료, 신용카드 수수료, 정수기, POS 등
7) 소모품비	0	1회용품, 청소용품, 주방용품
8) 감가상각비	0	취득원가-잔존가치/내용연수
9) 광고비	0	전단지, 홍보비 등
10) 기타경비	0	
5. 영업이익	0	매출이익 - 판매관리비
6. 영업외 비용	0	
1) 지급이자	0	대출금은행이자
7. 영업외 수익	0	이자수익 등
8. 경상이익	0	영업이익 - 영업외비용 + 영업외 수익
9. 세전순이익	0	경상이익 - 특별손실 + 특별이익
10. 세금	0	1년 부가가치세, 소득세/12개월
11. 순손익	0	세전순이익 - 순이익

매출액 추정과 투자 수익률 분석
매출액 추정 방법 1개월 동안의 수익 X 12개월 = 적정 권리금
월 매출액 통행인구수 X 내점률 X 1인구매단가(객단가) X 월간 영업일수

〈표 45〉 투자수익률 및 투자회수기간 판단 기준

사업성 판단기준	투자수익률	투자비회수기간
매우 우수	4.3% 이상	2년 이내 회수
우수	3~4.2%	2~3년 회수
보통	2.2~3%	3~4년 회수
불량	2.1% 미만	4년 이상 회수

〈표 46〉 입지 후보지 선정

1	업종(목적)분석	아이템의 소비시간, 소비수준, 소비층, 소비행동, 경쟁점, 보완점을 분석한다.
2	유사업종군집화	소비패턴과 소비특성 등이 유사한 업종을 군집화한다.
3	1차 지역선정	군집화된 업종의 환경 조사
4	적합도 분석	상권과 업종의 적합도와 경쟁점과 보완점을 조사한다.
5	2차 후보지선정	적합도가 높으며, 임대조건 등이 좋은 지역 선정
6	변화요인 분석	도시계획, 공급률 등을 조사하여 미래변화요인을 조사한다.
7	타당성 분석	추정손익, 투자대비, 수익률 등 사업타당성을 분석한다.
8	최종	최종 결정

〈표 47〉 환경 분석(3C 분석)

3c	분석 내용	전략 방향
Customer	- 상권 반경 1km 내 - 배후세대를 주택가로 두고 있는 2종 근린생활 상권 - 30~40대 매니아층, 가족 수요 상존 - 31,500세대, 88,700명(주택 80%)	양질의 제품 확보 정당한 가격 정책
Company	- 기능적 능력의 확보 - 공급자 확보 - 20년 이상 거주로 잠재 수요 확보	제품의 질 유지
Competitor	- 경쟁점포 7개소(곱창 6, 양구이 1) - A급 경쟁점포 1개 - 경쟁점 대비 차별화 요소 약함 - 기존 점포의 고객 충성도 높음	양심의 제품 공급과 마케팅으로 새로운 맛집으로 부상

〈표 48〉 사업 방향의 설정

구분	사업 방향 설정
목표고객	- 상권 내 30~40대 - 배후세대 가족 고객
핵심경쟁력	- 기술적 능력 - 양질의 제품에 대한 지속적인 제공능력
실행방안	- 독산몽 내깅 도매상과의 협업 - 블로그 운영 - 스토리텔링에 의한 고객충성도 고취
업종현황 및 전망	- 공급이 한정적이고 손질에 어려움이 있는 반면, 매니아층을 중심으로 수요가 꾸준하여 향후 전망 또한 안정적임.

〈표 49〉 시설계획

인테리어 컨셉	-젠 스타일 추구로 유행을 타지 않으면서 안정감 추구 -가족 고객을 위한 편안한 테이블 셋팅 -배연 시설에 중점			
시설 계획	-동선을 고려한 설계 -주방면적, 홀 면적, 테이블 수, 마감재 기재 철거, 목공, 전기, 조명, 마감 계획의 구체화 -간판 디자인			
시설 자금	품명	수량(m²)	3.3m² 당 단가	금액
	인테리어(홀)	66	800,000	16,000,000
	인테리어(주방)	19	400,000	2,000,000
	잡기 비품 등			5,000,000
	간판 외			2,000,000
	합계			25,000,000

〈표 50〉 구매계획

구매전략	-독산동 내장 소매상 2곳 이상 확보 -세금계산서 수취가 가능한 식자재 업체 확보 -결제조건, 반품 조건 등을 명확히 함. -집기 비품 구매 목록표 작성					
	구입품명	구입처	거래조건	연락처	금액	비고
식자재	곱창, 양깃머리 외					
	식자재					
	주류					
집기/비품	주방 용품					
	홀 용품					

〈표 51〉 판매계획

	메뉴명	수량(g)	단가	금액(일)	비고
판매계획	곱창	200	15,454	772,700	부가세 별도
	양깃머리	200	20,000	200,000	
	곱창모둠	200	13,636	272,720	
	염통	200	9,090	45,450	
	간, 천엽		4,545	22,725	
	주류		2,727	149,985	
	합계			1,463,580	

〈표 52〉 원가계획

매출원가	원부자재	소요량(일)	구입단가	금액	비고
	곱창	1보			
	양깃머리	2kg			
	막창	1보			

〈표 53〉 인력 및 인건비 계획

직책	인원	급여	총액	비고
실장(주방/홀)	2	1,600,000	3,200,000	
직원(홀)	2	1,400,000	2,800,000	
보조(주방)	1	800,000	800,000	
합계	5	3,800,000	6,800,000	

〈표 54〉 소요자금 및 조달계획

구분		내역	금액	산출근거
소요자금	시설자금	임차보증금	40,000,000	임대차계약서
		권리금	20,000,000	권리양도계약서
		인테리어비	20,000,000	견적서
		집기 비품	5,000,000	견적서
		소계	85,000,000	
	운영자금	운영자금	25,000,000	매출계획의 약 65%
		소계	25,000,000	
	합계		110,000,000	
조달계획	자기자금	현금/예금	70,000,000	통장
		소계	70,000,000	
	타인자금	은행대출	10,000,000	
		정책자금	30,000,000	창업자금
		소계	40,000,000	
	합계		110,000,000	

〈표 55〉 손익계획

과목	금액		산출근거
1.매출액		39,516,000	매출계획(27일영업일)
2.매출원가		15,806,000	(40%)
3.매출이익		23,710,000	
4.일반관리비		13,875,000	(가~자 합계액)
가.급료	6,800,000		인력계획 참조
나.임차료	5,060,000		
다.관리비	600,000		
라.수도광열비	400,000		
마.통신비	50,000		
바.복리후생비	250,000		
사.광고선전비	100,000		
아.잡비	200,000		
자.잠가상각비	415,000		
5.영업이익		9,835,000	
6.영업외비용		100,000	
가.지급이자	100,000		약 25%
7.영업외수익			
8.경상이익		9,735,000	

<표 56> 곱창이야기 수익성

구분	15평(49.5m)	30평(99.1m)
테이블수	일일 2회 기준 테이블수X테이블단가40,000 ▶360,000X2회 ▶720,000	일일 2회 기준 테이블수18X테이블단가40,000 ▶720,000X2회 ▶1,440,000
예상매출	일일 2회 기준 테이블수X테이블단가40,000 ▶360,000X2회 ▶720,000	일일 2회 기준 테이블수18X테이블단가40,000 ▶720,000X2회 ▶1,440,000
예상월매출	영업일30X일매출→ 21,600,000	영업일수30X일매출→43,200,000

<표 57> 곱창이야기 창업비용

구분	15평	30평	내용
월매출	21,600,000	43,200,000	
매출원가	8,610,000	17,280,000	원재료+식자재+주류+야채류
건물임대료	2,600,000	4,000,000	임대료/관리비
인건비	4,000,000	7,000,000	15평 주방1 홀2 4,000,000 30평 주방1 홀4 7,000,000
전기,가스 공과금	1,000,000	2,000,000	전기,수도,가스,공과금 등
잡비	500,000	1,000,000	기타 소모품 및 식대
소계	16,140,000	31,280,000	
영업이익	5,460,000	11,920,000	원매출-지출경비(소계)

⟨표 58⟩ 한식당 창업비용의 예

구분	내용	20평	30평	40평	50평	60평	70평
가맹비	브랜드 사용권, 지역독점부여권, 조리교육, OPEN지원 3일	500	500	500	500	500	500
교육비	경영, 조리, 매뉴얼제공, 본사 노하우제공, 조리교육 3일	200	200	200	200	200	200
인테리어	목공사, 전기공사, 설비공사, 도장공사, 유리, 도배, 주방, 바닥 시공, 조명, 덕트 등 일체포함	3,000	4,500	6,000	7,500	9,000	10,500
주방기기	냉장고 및 냉동고, 간택기, 육수냉장고, 싱크대,찬 냉장고, 작업대, 밥솥, 컵소독기, 스텐선반, 홀싱크대, 상부선반, 초벌대	37	37	37	37	37	37
주방 및 홀 집기	그릇 및 주방집기, 기물, 홀 집기, 앞치마, 전자레인지, 믹서기, 보온고 등	30	30	30	30	30	30
판촉 및 홍보	명함, 빌지패드, 라이터, 메뉴판, 전단지, OPEN현수막, 유니폼(홀, 주방), 오픈행사도우미 2명 외 등	250	250	250	250	250	250
본사지원품목	주류냉장고, 냉동고, 냉각기 및 주류비품 일체, 가스설비시공 (단, 도시가스 제외)						
창업자금지원	무이자, 무담보, 1,000만원부터 최고 5,000만원 까지 가능 (지역 상권, 평수에 따라 차이가 날 수 있음)						
합계		4,017	5,517	7,067	8,567	10,067	11,567

사업자등록증 발급을 위한 행정 절차	
권리금 산정방식	① 신규 위생교육 ② 보건증 발급 ③ 영업신고증 신청 ④ 사업자등록증 신청 ⑤ 보험 가입

〈표 59〉 일반음식점과 휴게음식점 비교

일반음식점	휴게음식점
음식물의 조리 및 판매와 더불어 음주행위가 허용되는 호프집, 한식, 경양식 등	음식물의 조리 및 판매는 가능하나 음주행위가 허용되지 않는 커피숍, 빵집 등

〈표 60〉 일반과세와 간이과세 비교

구분	일반과세사업자	간이과세사업자
매출액	연간매출액 4,800만원 이상	연간매출액 4,800만원 미만
납부세율	공급가액의 10% 부가가치세로 납부	업종별 부가세율을 고려한 세율부과(공급가액의 1.5~4%)
세액공제	매입세액 전액	매입세액의 15~40%
세금계산서	세금계산서 발행과 매입의 의무	세금계산서 발행 불가
예정고지 여부	예정신고기간에 대해 예정신고 또는 예정고지에 의한 징수 원칙	예정신고 및 예정고지 없음
비고		과세기간 매출액이 1,200만원 미만인 경우 부가가치세 면제

〈표 61〉 주요 소셜커머스 사이트 및 연락처

소셜커머스 업체	도메인	연락처
쿠팡	www.coupang.com	1577-7011
티켓몬스터	www.ticketmonster.co.kr	1544-6240
위메이크 프라이스	www.wemakeprice.com	1588-4763
그루폰코리아	www.groupon.kr	1661-0600
지금샵	www.g-old.co.kr	070-4077-4770
슈팡	www.soopang.co.kr	1600-2375
소셜비	www.sociabee.co.kr	1588-5908
달인쿠폰	www.dalincoupon.com	1666-9845

〈표 62〉 온라인마케팅의 하나인 소셜미디어 활용

	블로그	SNS	위키	UCC	마이크로 블로그
사용목적	정보공유	관계형성, 엔터테이먼트	정보공유, 협업에 의한 지식 창조	엔터테이먼트	관계형성, 정보공유
주체:대상	1:N	1:1 1:N	N:N	1:N	1:1 1:N
사용환경 — 채널 다양성	인터넷 의존적	인터넷환경, 이동통신환경	인터넷 의존적	인터넷 의존적	인터넷환경, 이동통신환경
사용환경 — 즉시성	사후기록, 인터넷 연결시에만 정보 공유	사후기록, 현재시점 기록, 인터넷/이동통신 연결시 정보공유	사후기록, 인터넷 연결시 창작/공유	사후제작, 인터넷 연결시 콘텐츠 공유	실시간 기록, 인터넷/이동통신 연결시 정보공유

〈표 63〉 연간 판매촉진 전략

월별	행사	이벤트 기준 및 판촉활동
1	시무식, 신년회, 설날, 대입합격축하회	POP부착, 새해선물(식사권, 할인권 등)을 연하장에 넣어 DM발송, 내점고객 선물 증정(복주머니, 복조리 등)
2	입춘, 봄방학, 졸업식, 환송회	졸업축하 이벤트, 발렌타인데이 특별 디너세트 판매(꽃, 샴페인증정, 초콜릿), 봄맞이 환경처리 실시, 현수막 부착, DM발송(리스트 입수), 정월대보름 오곡밥 축제
3	입학식, 환영회, 대학개강 파티	입학식, 환영회(행사유치를 위한 사전 홍보활동 및 선물제공), 화이트데이 이벤트 실시, 봄 샐러드 축제와 꽃씨제공
4	봄나들이, 한식, 식목일	신 메뉴 개발, DM, 각종 차량에 안내장 부착
5	어린이 날, 어버이 날, 스승의 날, 성년의 날	어린이날 특선메뉴 및 기념품 제공, 가정의 달 효도대잔치(카네이션, 기념사진 등), 독거 소년·소녀와 노인 초청 행사, 서비스 콘테스트 실시, 광고 등
6	각종 체육회, 현충일	국가 유공자 가족 초대회(할인행사)

월별	행사	이벤트 기준 및 판촉활동
7	여름보너스, 휴가, 초중고 방학	DM, 여름철 특선 메뉴 실시(빙수, 생과일 쥬스, 호프, 야외 바베큐파티 등), 삼복더위 축제
8	여름휴가, 초중고 개학	한여름 더위를 식힐 화채 개발 시식 및 각종 우대권 제공
9	대학개학, 초가을레저, 추석	도시락 개발, 행락철에 T/O
10	운동회, 대학축제, 결혼러시, 단풍놀이 행락객	가을미각축제, 과일축제, 송이축제, 전어축제, DM발송
11	학생의 날, 취직, 승진축하	찜요리 축제, 입시생을 위한 특선메뉴(건강식), 송년회 및 회식안내(DM)
12	송년회, 겨울방학, 겨울레저, 첫눈	크리스마스카드 및 연하장 발송(할인권), 점내 POP부착
기타	단골고객의 날 이벤트 개최, 생일축하, 월 시식일 등	고객관리, 선물 또는 무료 식사권 제공

일일 매출 규모별 적정 관리 내역

(1) 하루 매상 40만원-창업 실패한 업소

한 달 총매출 : 40만원 x 30일 = 1,200만원

재료비(30%~35% 안팎) : 450만원 안팎

임대료&공과금&인건비(35%~40% 안팎) : 500만원 안팎

순이익률(22%~30%) : 250만원 ~ 350만원(사장이 주방이나 매장일을 하는 상태)

(2) 하루 매상 60만원-평균 성적을 거둔 업소

한 달 총매출 : 60만원 x 30일 = 1,800만원

재료비(30%~35% 안팎) : 600만원 안팎

임대료&공과금&인건비(35%~40% 안팎) : 700만원 안팎

순이익률(23%~32%) : 400만원 안팎(사장이 주방이나 매장일을 절반 정도 하는 상태)

(3) 하루 매상 150만원-대박 아닌 중박을 이룬 업소

한 달 총매출 : 150만원 x 30일 = 4,500만원

재료비(30%~35% 안팎) : 1,600만원 안팎

임대료 & 공과금 & 인건비(35%~40% 안팎) : 1,700만원 안팎

순이익률(25%~33%) : 1,200만원 안팎

(4) 하루 매상 30만원~40만원 일 경우-폐업 갈림길의 음식점

말 그대로 입에 풀칠하고 있는 상황에서 사업을 접지도 못하는 상황인 음식점을 말한다. 수입이 적기 때문에 사장이 직접 주방일을 할 수밖에 없다. 인건비 지출을 줄여야 하므로 종업원은 1~2인만 고용할 수 있는 상태다. 종업원 1인 고용 시 매장을 전부 담당하지 못하므로 사장 부인이 주방일도 거들고 매장일도 거드는 상황이 된다. 이렇게 되면 부부가 힘들어 지게 되고, 부인의 바가지 지수는 높아지며 이때쯤 되면 음식점 장사에 대해 체념하게 된다.

이런 점포는 십중팔구 1년 안에 문을 닫게 되거나, 코가 꿰인 상태로 어쩌지도 못하고 사업을 하는 상태가 지속된다.

하루 평균 매상 30만원 이하이면 이건 동네에서 관심조차 받지 못하는 음식점이란 뜻이고, 맛없는 집이거나 망해가는 음식점이라는 뜻이다. 다시 말해 동네 손님은 없고, 아주 소수의 단골손님과 우연히 걸려든 뜨내기손님을 받는 업소이다.

5천만원 이하 소자본 창업을 하면서 준비를 제대로 하지 않으면 이런 일이 쉽게 발생한다. 가장 큰 이유는 업종 선택이 잘못되어서이거나, 맛이 없어서이다. 이런 경우 1일 매상 폭의 변동이 매우 심한데 이것은 고객들에게 안 가도 되는 음식점으로 각인됐다는 뜻이다. 창업 15일이 지나도 하루 평균 매상이 30만 원 이하이면 바로 업종 변경을 해야 한다. 만일 밥집이었다면 술을 취급할 수 있는 업종으로 변경을 시도하면 매상을 더 올릴 수 있다.

(5) 하루 매상 60만원 일 경우-생활 유지형 음식점

하루 매상 60만원이라면 월수입이 400~500만원 정도이므로 집에 생활비를 가져갈 수 있고 음식점 경영 목적으로 자동차를 자유롭게 운용할 수 있는 상태이다. 자동차는 더 싼 식재료를 사러 다니는 용도로 사용한다. 우리 주변에서 볼 수 있는 평범한 음식점들보다는 좋은 실적이므로 일단 '맛'은 어느 정도 인정받은 집이라고 할 수 있다.

 일을 할 때 가끔 자기 일이 행복하다는 생각이 들기도 하고 불행하다는 생각이 들기도 한다. 부부는 일심동체로 사업을 키우기 위해 더 열심히 노력하는 상태가 된다. 건물 임대료에 따라 다르겠지만 종업원은 1~2명 정도 고용할 수 있고 부부 중 한 사람이 주방을 맡아 인건비 부담을 줄일 수 있다.

 그런데 이 경우가 가장 위험하다. 당장 먹고사는 방법이 마련되어 있으므로 가끔 행복지수가 올라가기는 하는데, 유명 맛집이 아닌 한 음식점의 매상은 세월이 흐를수록 떨어지기 마련이다. 예를 들어 옆집에 더 근사한 음식점이 들어오면 바로 타격이 온다는 뜻이다. 하지만 기존 단골이 있으므로 바로 매상이 떨어지지는 않고 2~5년 세월이 흘러가면서 아주 서서히 매상이 떨어진다. 어느 날은 매상이 90만원인데 어느 날은 매상이 20만원이 되기도 한다.

(6) 하루 매상 100만원일 경우-돈을 모을 수 있는 음식점

월 900만원 안팎의 수익이 발생하므로 몸은 고생해도 행복지수는 날로 높아진다. 월 순이익 1천만원 수준을 넘기면 이젠 자신의 음식점이 성공하였다고 자부하고, 자기는 가만히 있는데도 돈이 굴러들어온다고 착각한다. 이 상태이면 주방장과 종업원을 여러 명 고용한 뒤 부부는 놀러 다닐 수도 있는 상태가 되지만 돈 버는데 재미가 붙어 꼭 매장에 붙어 있으려고 한다. 이 경우 월수입을 전부 쓰지 말고 생활비를 제외한 나머지는 반드시 저축해야 한다. 저축한 금액은 몇 년 뒤 매장을 확장하거나 직영점을 내는 데 활용할 수 있다. 직영점 3개 정도 내면 더 바쁘게 살겠지만 최소한 돈 걱정은 안 하고 살 수 있을 것이다. 또한 천천히 프랜차이즈 사업을 시도할 수도 있다.

(7) 하루 매상 150만원일 경우-흔히 말하는 중박 음식점

하루 매상이 150만원인 점포는 흔히 말하는 중박 이상의 성공한 음식점들이다.

유명 햄버거 프랜차이즈 중에서 입지 조건이 나쁜 지방에 있는 점포인 경우 일매 110만원 정도를 찍는다. 대도시에서 지명도 낮은 지역에 있는 유명 햄버거 체인점들이 일매 130만원~180만원을 찍는다. 그리고 재래시장에서 볼 수 있는 시장 빵집 중 항상 손님이 바글바글대는 빵집이 일매 170만원을 찍는다.

30평 규모의 유명 한식 프랜차이즈 중에서 장사가 잘되는 점포가 일매 150만원 찍고, 장사가 잘되는 주점, 호프집, 고깃집, 일식집, 분식집이 일매 150만원을 찍는다.

(8) 하루 매상 200만 원-흔히 말하는 초대박 음식점

하루 매상 200만 원이면 객단가 7천 원 기준 1일 300인분을 판매하는 초대박 음식점이다. 월 1천 500만원~2천만원의 순수익이 발생한다. 물론 고기를 박리다매하는 주점이라면 이익률이 더 낮아질 것이다. 하루 200만 원 매출이 발생한다면 더할 나위 없이 좋은 시나리오이고 프랜차이즈 사업을 시도해도 성공할 확률이 높다. 또한 매출이 조금 떨어질 무렵이면 장사에 싫증날 수도 있는데 이때 권리금을 많이 받고 바로 팔아 버릴 수도 있다.

그런데 하루 매상 200만원 찍으려면 단골과 유동 인구가 중요하다. A급 상권에 입점한 유명 패스트푸드점, 외식업 체인점이 일매 200만원 이상 찍는다. A급 상권에서 장사가 잘 되는 고깃집, 한정식, 횟집, 주점, 퓨전음식점, 유명 한식체인점, 일식집, 분식집이 일매 200만원 이상 찍는다. A급 상권에 있는 퓨전포차도 히트치면 일매 200만원 이상 찍는다.

(9) 하루 매상 300만원 이상-맛집이거나, 유동 인구가 많거나, 매장 크기가 큰 음식점

유동 인구가 많은 오피스 밀집 지역은 20평 크기의 분식점도 장사를 잘하면 일매 300만 원 이상 찍기도 한다. 또한 지방의 전통적인 맛집이거나, 점포 크기가 상대적으로 큰 경우다. 객단가가 높은 음식점이거나, 부촌에서 장사가 잘되는 음식점이 이에 속한다.

A급 상권이거나 강남 부촌 등에서 장사가 잘되는 고깃집, 주점 등이 일매 300만원 이상 찍고, A급 상권으로 비즈니스 밀집 지역에서 장사가 잘되는 20평 크기의 분식점이 일매 300만 원 이상 찍는다. 대형 아파트단지에서 맛으로 유명한

개인 빵집도 일매 300만원 이상 찍는다.

갈비 숯불구이집이 부촌에서 초히트치면 일매 1,000만원을 찍는다. 바닷가의 유명 횟집이라면 일매 400만원 이상 찍는다. 더 유명하고 드라이브족이 많이 찾는 횟집이라면 일매 700만원을 찍기도 한다. 도시 외곽에 새로 음식점을 세웠는데 맛집으로 유명세를 타면서 손님들이 몰려온다면 일매 300만원 이상 찍고 업종에 따라 일매 500만원 찍는 집과 일매 700만원을 찍기도 한다.

(10) 하루 매상 1천만 원-기업형 음식점

유동 인구가 많은 곳에 위치한 유명 패밀리 레스토랑 가맹점들은 보통 일매 1천만원 이상을 찍는다. 유명 프랜차이즈의 본점은 대부분 대형이다. 이들 중 장사를 잘하는 본점들이 보통 일매 400만원, 500만원을 찍고, 일매 1천만 원 이상 찍는 본점도 있다. 보통 고깃집, 쌈밥집, 보쌈집, 오리요릿집처럼 객단가가 높은 업체들의 본점이 가능하다.

〈표 64〉 한식 갈비집의 초기 창업비용

품목	내용	금액
가맹비	· 상표사용권 부여 및 지역 독점영업권 보장	· 400만원 ※전략지역 할인이벤트 확인
교육비	· 가맹점 운영 교육 및 매뉴얼 제공, 노하우 전수	600만원
물품 보증금	· 본사 공급 원부자재에 대한 예치금(가맹계약 해지 시 반환)	400만원 → 200만원 ※200만원 할인행사
점포개발비	· 나이스비즈맵과 SK텔레콤 상권분석 시스템	100만원 → 0원 ※100만원 할인행사
인테리어	· 설계 및 3D 디자인/바닥타일 공사 · 목공사(자재/인건비/유리 · 금속 공사 · 전기, 조명공사/도장, 필름공사/사인물 일체	4200만원 ※33m² 당 140만원
홀/주방기물	· 2인/4인 테이블, 단체석 일체 등	1500만원
간판	· 외부 전면 잔넬 텍스트 간판 (4M) · 돌출 간판 및 사이드 간판	450만원
기기설비	· 로스터(착화식), 삼중불판 · 냉장/냉동고, 간데기 etc, 육류냉장고 등 · 샐러드바, 아이스크림케이스, 식혜, 커피머신	2250만원
홍보/오픈지원	· 웹카메라 1대/음향기기SET/홍보물 및 조형물 일체	50만원

〈표 65〉 외식업 초기 창업비용(단위 : 만 원)

구분	99.17m²	132.23m²	165.28m²	198.34m²	세부내역	비고
가맹비	800	800	800	800	상호 · 상표사용(브랜드가치) 등	소멸
교육비	200	200	200	200	메뉴 · 운영 · 서비스 · 식자재 교육	체류비 등 점주부담
인테리어	3900	5200	6500	7800	목공사, 설비, 방수공사, 천정, 전기 등	평빙 130만 원
간판	500	600	700	750	전면LED간판, 돌출간판 등	그 외 별도
닥트	550	700	850	1000	외부 2층 기본, 내부 및 주방 닥트	3층 이상 별도
테이블 · 의자	400	520	640	760	홀 의 · 탁자	
테이블 렌지	270	350	430	510	2구렌지	
주방기기 · 홀집기	2100	2700	3300	3900	식기세척기, 주방기기 등	주물불판은 본사 무료 대여
인쇄 · 홍보 · 소품	200	250	300	400	이벤트, 전단지, 추억의 소품 일체	
합계	8920	1억1320	1억3720	1억6120		

참고문헌

김광희, '상권과 입지 장사 목', (서울:미래와 경영), 2005.

김미영, '10평의 기적', (서울:문화사), 2010.

김브로니, '주목받는 FC브랜드', 외식경영, 2015.2., 98-99.

김상훈, 「불멸의 창업인기아이템」, 월간외식경제(2016. 02.), 100.

_____, '운영 편의성, 가격 경쟁력에 주목', 월간식당, 2017,08,
    157.

김설아, '패밀리 레스토랑의 몰락, 질릴 법도 하지', 머니위크
    2015.03.19.

김영식.전용수.권규미, 「외식경영사례」, (서울:기문사), 321-355.

김준성, '주목할 프랜차이즈 외식경영', 2016.6., 102-103

김지원, '소상공인을 위한 디자인 가이드 매뉴얼 개발 연구 소상공
    인진흥원 , 2014.

_____, '프랜차이즈 집중탐구', 월간식당, 2014.2., 206-207.

김지윤, 헤럴드 경제, 2017.6.1.

권정직. 김순하. 장여향(2016), 『최신외식 경영론』. (서울: 이프레
    스) 144-145.

동아닷컴, 「도시락 시장 규모」, 2015.03.13.

매경이코노미스트, 「편의점 도시락 매출」, 2016.

매일경제, 「프리미엄 도시락」, 2015.10.08.

박천수, '프랜차이즈 100', 창업경영신문, 2013.6.27.

배달앱(2016), 배달음식점 보고서(2016.3).

서울경제, 「국내 도시락 프랜차이즈」, 2015.02.15.

서울시(2015), 영세 골목 상권 43개업종 분석.

세계일보, 「편의점 도시락 시장」, 2016.12.15.

식품의약처안전처(2016), "예비 가맹점주 판점에서의 치킨 프랜차이즈 가맹본부 효율성 분석".

아시아경제, 「외식 시장 트렌드」, 2015.04.30.

이지연, 프랜차이즈 집중탐구 월간식당 2014 2 206-207

월간식당 성공레시피 2015.12 136-138

육주희, '성공레시피', 월간식당, 2014.06, 102-108.

추대엽(2015), 『외식산업론』. (서울: 범한출판사).

통계청, 「편의점 매출 현황」, 2016.

한국 갤럽(2015), 패스트 푸드 기호 조사.

헤럴드경제, 「도시락 트렌드」, 2015.09.17.

한눈에 읽는 외식창업 성공이야기 [시리즈 14]

가성비 최고 불황에 강한

도시락 전문점

발   행   일 : 2018年 6月 1日

저   자 : 김 병 욱

발   행   처 : 킴스정보전략연구소

홈 페 이 지 : http://www.kimsinfo.co.kr

서울시 강동구 성내로8길 9-19(성내동 550-6)
유봉빌딩 301호(☎ 482-6374〜5, FAX : 482-6376)

출판등록번호 : 제17-310호(등록일: 2001.12.26)

인   쇄 : 으 뜸 사

I S B N : 979-11-7012-133-6

※ 당 연구소에서 발간하는 도서구입, 도서발행, 연구위탁, 강의, 내용질의,
컨설팅, 자문 등에 대한 문의 ☎(02)482-6374.